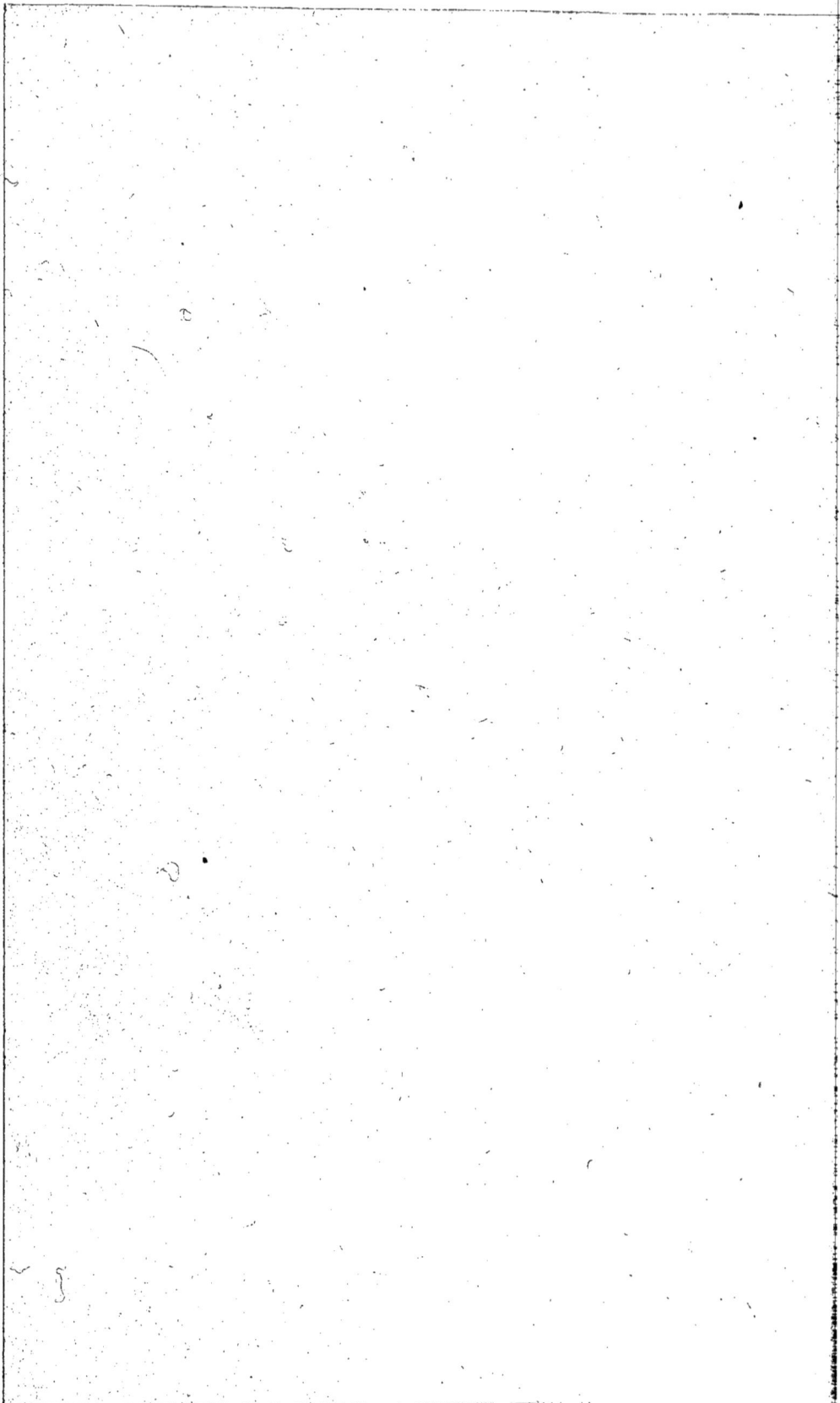

©

GRAMMAIRE PRATIQUE

DE LA

LANGUE SANSCRITE

—

Louvain. — *Typ.* Cʜ. Pᴇᴇᴛᴇʀs.

GRAMMAIRE PRATIQUE

DE LA

LANGUE SANSCRITE

PAR

C. DE HARLEZ

PARIS

E. LEROUX, Rue Bonaparte, 28

LOUVAIN

Ch. PEETERS, Rue de Namur, 22

BONN

AD. MARCUS

1878

PRÉFACE.

L'accueil fait en Allemagne à l'*Elementar buch* du D. Stenzler a prouvé que ce livre répondait aux exigences de l'enseignement public. C'est pour atteindre les mêmes fins que la présente Grammaire a été faite. Toutefois il a paru nécessaire de donner plus d'extension à un nouveau manuel et de suivre dans sa composition une méthode appropriée aux circonstances. A l'exemple de Stenzler, de Spiegel et de Benfey on a préféré le système de la grammaire générale à celui de la linguistique. Une grammaire est une œuvre de logique et non un simple traité de dérivation. Pour des motifs analogues les désignations usuelles des diverses catégories de lettres devaient être conservées tandis que la classification des voyelles, adoptée par les grammairiens hindous, ne pouvait être admise. La transcription du dêvanâgari s'arrête à la page 23; prolongée, elle ne servirait qu'à rendre inutile l'emploi des caractères originaux. Mais dans le reste du livre les exemples sont donnés tantôt en dévanâgari, tantôt en transcription, pour habituer les commençants aux deux genres de lecture.

Les règles générales de l'accentuation ont été jointes aux particularités de l'idiôme védique; là seulement elles pouvaient servir aux premières années d'étude. Les détails, comme les autres difficultés de la langue, ont été réservées à une seconde partie.

Louvain, 1er Février 1878.

GRAMMAIRE SANSCRITE.

CHAPITRE PREMIER.

PHONOLOGIE. ALPHABET.

—

§ 1. *Des lettres et de leur prononciation.*

1. La langue sanscrite compte autant de lettres dans son alphabet que sa phonologie distingue de sons.

L'alphabet sanscrit se compose de 46 lettres (1) et de quelques signes destinés à figurer des nuances de sons. Les grammairiens hindous l'appellent *dêvanâgari,* c'est-à-dire de la cité divine (de *dêva* et *nagaram,* ville).

L'écriture sanscrite est à la fois syllabique et phonétique. Toute consonne est censée accompagnée d'un *a* bref, à moins que la suppression de cet *a* ou la substitution d'une autre voyelle ne soit indiquée. Ainsi रथ se lit *ratha.*

2. La prononciation des lettres sanscrites est, pour la plupart d'entre elles, indiquée au tableau alphabétique qui suit.

उ, *u,* a le son de *ou*; ऊ, *û,* celui de *oû.*

ऋ, *r,* se prononce comme *err* prolongé avec mélange d'un *i* très-faiblement articulé.

ॠ, *r̄,* se prononce comme *ri.*

ऐ, *âi,* comme *âie.*

औ, *âu,* comme l'*au* allemand (*âwe*).

---

(1) Cette première partie ne s'occupe que du sanscrit classique. — *Sanscrit* veut dire *parfait* et répond au latin *confectus, perfectus* (de *sam* = *cum* et *kṛ,* faire).

च, *ca*, se prononce comme *tcha*; et ज, *ja*, comme *dja*.

उ, γ, a le son du premier *gamma* de ἄγγελος.

ञ, *ñ*, a celui de *gn* dans agneau, et क्ष, *xa*, celui de *kcha*.

Les linguales ne sont point d'origine aryaque. On les pronnonce à peu près comme les dentales, mais en relevant le bout de la langue vers le milieu du palais. Aussi on transcrit également les linguales par *t, th*, etc., mais en ajoutant un point par dessous la lettre : *t, th*, etc.

ष, *sh*, équivaut au *ch* français.

श, *ç*, doit probablement être prononcé comme un *s* accompagné d'une légère aspiration.

Les aspirées, sans en excepter फ, *ph*, se prononcent comme la consonne simple suivie d'un *ha* nettement articulé.

व, *va*, après une consonne, équivaut à *wa*.

Voici le tableau des caractères dévanâgaris accompagnés de la transcription et disposés dans l'ordre suivi par les grammairiens de l'Inde comme dans les dictionnaires.

Le groupe des voyelles comprend quatre sons composés : *ê, ô, âi* et *âu*, formés du son *a* combiné avec *i, u, é, ô*.

Les voyelles médiales et finales ont une autre forme que les initiales.

Le groupe des consonnes comprend des semi-voyelles et des souffles.

Les consonnes proprement dites sont divisées en cinq ordres selon les organes contre lesquels le souffle choque dans l'émission du son : fond du gosier, palais, langue, dents et lèvres. Chaque ordre comprend une dure et son aspirée, une douce avec son aspirée et une nasale.

ALPHABET.

VOYELLES.

Initiales.	अ	आ	इ	ई	उ	ऊ	ऋ	ॠ	ऌ	ए	ऐ	ओ	औ
	a	*â*	*i*	*î*	*u*	*û*	*r*	*r̄*	*l*	*ê*	*âi*	*ô*	*âu*
Médiales.	ा	ि	ी	ु	ू	ृ	ॄ	ॢ	े	ै	ो	ौ
	â	*i*	*î*	*u*	*û*	*r*	*r̄*	*l*	*ê*	*âi*	*ô*	*âu*

CONSONNES.

Gutturales.	क *ka*	ख *kha*	ग *ga*	घ *gha*	ङ *ṅa*
Palatales.	च *ca*	छ *cha*	ज *ja*	झ *jha*	ञ *n̄a*
Linguales.	ट *ṭa*	ठ *ṭha*	ड *ḍa*	ढ *ḍha*	ण *ṇa*
Dentales.	त *ta*	थ *tha*	द *da*	ध *dha*	न *na*
Labiales.	प *pa*	फ *pha*	ब *ba*	भ *bha*	म *ma*
Semi-voyelles.	य *ya*	र *ra*	ल *la*		व *va* ou *wa*
Souffles.	श *ça*	ष *sha*	स *sa*	ह *ha*	

GROUPES.

Consonnes et Voyelles.	दु *du*	दू *dû*	द्र *dr*	रु *ru*	रू *rû*	हु *hu*	हू *hû*	ह्र *hr*

CONSONNES.

क	क्क	क्त	क्त्य	क्त्र	क्त्व	क्न	क्न्य
ka	*kka*	*kta*	*ktya*	*ktra*	*ktwa*	*kna*	*knya*

क्म	क्य	क्र	क्र्य	क्ल	क्व	क्ष
kma	*kya*	*kra*	*krya*	*kla*	*kva*	*ksha (xa)*

ख	ख्न	ख्र	ख्व
kh	*khna*	*khra*	*khva*

ग	ग्न	ग्र
g	*gna*	*gra*

घ	घ्न	घ्न्य	घ्र	घ्ल
gh	*ghna*	*ghnya*	*ghra*	*ghla*

ङ	ङ्क	ङ्क्य	ङ्क्ष	ङ्ख	ङ्ग
ŋ	*ŋka*	*ŋkya*	*ŋxa*	*ŋkha*	*ŋga*	*ŋŋa*

ङ्घ	ङ्य
ŋgha	*ŋya*

च	च्च	च्र	च्व
c	*cca*	*cra*	*cva*

छ	छ्म	छ्व	छ्य
ch	*chma*	*chva*	*chya*

ज	ज्न	ज्र
j	*jna*	*jra*

ञ	ञ्च	ञ्ज	ञ्न
n	*nca*	*nja*	*nna*

ट	ट्क	ट्त्स	ट्म	ट्ष	ट्स	ट्य
ta	*tka*	*ttsa*	*tma*	*tsha*	*tsa*	*tya*

ठ	ठ्म	ठ्य
tha	*thma*	*thya*

ड	ड्ड	ड्ढ	ड्भ	ड्य
da	*dda*	*ddha*	*dbha*	*dya*

७	ह	ध				
dha	dhna	dhya				

ण	ण्ण					
ṇ	ṇṇa					

ट	त्त	त्र	त्व	त्त्र	त्त्व	त्न
t	tta	tra	tva	ttra	ttva	tna

ड	द्ग	द्ग्र	द्ग्य	द्घ	द्घ्र	द्द
d	dga	dgra	dgya	dgha	dghra	dda

	द्द्र	द्द्व	द्ध	द्ध्न	द्ध्य	द्न
	ddra	ddva	ddha	ddhna	ddhya	dna

	द्भ्य	द्भ्र	द्म	द्य	द्र	द्र्य
	dbhya	dbhra	dma	dya	dra	drya

	द्व	द्व्य	द्व्र			
	dva	dvya	dvra			

३	ध्न	ध्र	ध्व			
dh	dhna	dhra	dhva			

ॅ	न्त	न्त्र	न्त्र्य	न्त्व	न्न	न्र	न्व
n	nta	ntra	ntrya	ntva	nna	nra	nva

ए	प्त	प्न	प्र	प्ल	प्व	
d	pta	pna	pra	pla	pva	

फ	फ्म	फ्य				
pha	phma	phya				

ॅ	ब्र					
b	bra					

ॅ	भ्र					
bh	bhra					

ॅ	म्न	म्र	म्ल	म्व		
m	mna	mra	mla	mva		

ल	ब्ल	ल्ल
l	lna	lla

ॊ	ब्र
v	vra

ऋ	श्च	श्न	श्र	श्ल	श्व
ç	çca	çna	çra	çla	çva

ष	ष्ट	ष्ट्य	ष्ठ	ष्ठ्य	ष्ण	ष्व
sh	shṭa	shtya	shtha	shthya	shna	shva

स	स्त्र	स्न	स्र	स्ल	स्व
s	stra	sna	sra	sla	sva

ह	ह्न	ह्न	ह्म	ह्य	ह्र
h	hna	hna	hma	hya	hra

ह्र्य	ह्ल	ह्व	ह्व्य
hrya	hla	hva	hvya

SIGNES DIVERS.

anuswâra ⋅ — anunâsika ँ — virâma ् —

visarga : — apostrophe ऽ —

CHIFFRES.

१	२	३	४	५	६	७	८	९	०
1	2	3	4	5	6	7	8	9	0

§ 2. *Division des lettres.*

3. Les lettres sanscrites se divisent en *voyelles, semi-voyelles, consonnes* et *souffles* (spirantes, sifflantes).

Les semi-voyelles sont य *y*, र *r*, ल्ल *l*, ल्ल *v*; les sifflantes, म *ç*, स *s*, ष *sh* ; la spirante est ह *h*.

Les voyelles sont *simples* ou *composées*. Ces dernières sont formées par la combinaison de *a* ou *â* avec les autres voyelles. Ce sont *é* formé de *a* ou *â* avec *i* ou *î*; *ô* formé de même de *u* ou *û*; *aî* de *é*, et *âu* de *ô*, avec *a* comme premier élément.

4. Les consonnes se divisent en *buccales* et *nasales*, et les buccales en *dures* et *molles* (ou *explosives* et *contenues*).

Les dures et les molles sont simples ou aspirées.

Sont dures क *k*, च *c*, ट *t*, त *t*, प *p*, et leurs aspirées ख *kh*, छ *ch*, ठ *th*, थ *th*, फ *ph*.

L'alphabet sanscrit se partage, en outre, en lettres *sourdes* et *sonores*. Sont *sourdes* les *dures* et *sifflantes*; les autres sont *sonores*.

5. Au point de vue des organes qui servent principalement à émettre et former les sons, les lettres sanscrites se divisent en *gutturales, palatales, linguales, dentales* et *labiales*.

Au tableau alphabétique les consonnes seules étaient rangées dans cet ordre; au tableau suivant ce principe de division est appliqué à toutes les lettres. On y remarquera que la voyelle उ *u* est considérée comme labiale; et que, parmi les sifflantes, म *ç* est regardée comme palatale, ष *sh* comme linguale, et स *s* comme dentale.

VOYELLES.	DURES SIMPLES.	DURES ASPIRÉES.	MOLLES SIMPLES.	MOLLES ASPIRÉES.	NASALES.	SEMI-VOYELLES.	SPIRANTES.	
a	k	kh	g	gh	γ		h	Gutturales.
r	c	ch	j	gh	n̄	r	ç	Palatales.
ḷ	ṭ	th	ḍ	dh	n	l	sh	Linguales.
i	t	th	d	dh	n	y	s	Dentales.
u	p	ph	b	bh	m	w		Labiales.

6. Les voyelles ont deux formes. La forme principale, pleine, s'emploie quand la voyelle commence la syllabe ; la seconde, quand le premier élément de la syllabe est une consonne. En ce dernier cas l'*a* bref ne se représente point, toute consonne est sensée accompagnée de cette voyelle ; cependant le trait vertical, ι, que contiennent généralement les formes des lettres, est probablement destiné à le figurer. Aussi le supprime-t-on d'ordinaire quand la consonne doit se prononcer seule.

Les signes secondaires de l'*â*, de l'*i*, de l'*ô* et de l'*âu* se placent après les consonnes ; celui de l'*i*, avant ; ceux de l'*é* et de l'*âi*, au-dessus ; tous les autres (1), par dessous.

La voyelle ऋ *r̄* ne se rencontre qu'au génitif et à l'accusatif pluriel et au nominatif pluriel neutre des noms en ऋ *r̄*.

(1) *u*, *û*, *r*, *r̄*, *l*. Ex. : बोधेम *bôdhêma*, पित्रा *pitrá*, दातृ *dátr*, सुह्टद *suhrdá*.

ऌ *l* ne se trouve que dans la racine *klp*.

l long n'est qu'une création des grammairiens hindous faite pour compléter le système des doubles voyelles. L'existence de ॠ *r* même est contestée.

§ 3. *Des signes.*

7. L'*anuswâra* et l'*anunâsika* sont des signes de la nasalisation de la voyelle qu'ils affectent.

L'*anuswâra* est la nasale des souffles ; il doit s'employer avant ces lettres et il a alors un son guttural ; mais il peut aussi remplacer les autres nasales et se prononce comme celles-ci. Ex. अंय *ança*, सिंह *sinha*.

L'*anunâsika* remplace les nasales finales que suit un *s* intercalé ou une semi-voyelle redoublée. Il indique un son nasal très-faible (v. §§ 35, 33 et 48). Ex. तास्तु *tâ°stu*.

8. Le *visarga* ः est le signe d'une aspiration provenant de l'amincissement d'un *s* ou d'un *r*. Ex. नल: (Nalas).

Il s'emploie devant *ka, kha, pa, pha* et les sifflantes ; comme aussi devant une pose. Ex. अन्य : पादप : *anyah, pâdapah*, un autre arbre.

·9. L'apostrophe ऽ indique un *a* initial supprimé après un *ê* ou un *ô*. नलोऽस्ति. *Nalô ' sti*, pour *Nalô asti*.

Dans le style épique il remplace parfois un *â*.

10. Le *virâma* ् indique la suppression de l'*a* dont toute consonne est censée accompagnée (1). Ex. *pûra* पूर, *pûr* पूर्.

_____

(1) *Anuswâra* vient de *swar anu*, son après, à la suite; *anunâsika*, de *nâsika anu*, nasalité à la suite; *visarga* signifie émission *finale* (*visrj*, émettre, lâcher); *virâma*, cessation, repos (R. *ram*, cesser, se reposer).

§ 4. *Groupes de consonnes.*

11. Les consonnes qui se suivent, se réunissent ordinairement en un seul groupe, en un seul signe graphique, dans lequel chacune est plus ou moins mutilée. Si elles ont toutes la barre verticale, celle-ci ne se trace qu'une fois ; les formes spéciales se dessinent à sa gauche, à côté ou au-dessus les unes des autres, et avec des altérations plus ou moins grandes.

Ces groupes de consonnes doivent se lire de haut en bas et de gauche à droite. Ex. ह्न *tna* ; क्व *ntra*.

12. Les boucles et les lignes courbes se transforment en lignes droites (voy. क, *ka*, त, *ta*, र *ra*). Ex. क्त, *kta*, त्र *tra*.

Du म *ma*, et du य *ya*, on ne voit plus que la partie inférieure. Ces deux lettres se mettent à la droite du क *ka* et du फ *pha*, et se lisent alors les dernières du groupe. Ex. क्र्य *krya*. Dans ce dernier cas seulement deux barres verticales sont admises.

Le क *ka*, et le फ *pha*, perdent le trait de droite devant म *ma*, et य *ya*. Voy. क्म *kma*, et फ्य *phya*. Le द *da*, perd sa moitié inférieure. Voy. द्य *dya*, द्द *dda*. — ट *ta*, et ठ *tha*, après ष *sha*, et ह *ha* devant न *na*, sont mutilés. Voy. ष्ट *shta*, ष्ठ *shtha*, et ह्न *hna*. R précédant une consonne ou un groupe prend la forme ◌ et se met au-dessus du signe de cette consonne ou de ce groupe. Ex. कर्ता *kartâ*.

Les voyelles उ *u*, ऊ *û*, ऋ *r*, unies à द *d*, र *r*, ह *h*, font subir à ces consonnes et subissent elles-mêmes de profondes altérations. Le groupe क्ष *xa*, constitue une forme nouvelle. On peut en dire autant de ज्ञ *jña*, द्द *dda*, द्ध *ddha*, et ल्ल *lla*.

Le redoublement de *na* est indiqué par une barre médiale oblique. न्न *nna*.

§ 5. *Gouna et Vriddhi*.

13. Dans la formation et la dérivation des mots les voyelles radicales reçoivent fréquemment un renforcement qui s'opère par l'introduction d'un *a* comme premier élément du son.

Ce renforcement a deux degrés : le premier s'appelle *gouna* (qualité, force) ; le second, *vriddhi* (développement).

Ils se font de la manière suivante :

	इ *i*, ई *î*,	उ *u*, ऊ *û*,	ऋ *r*, ॠ *r̄*,	ल्ृ *l*,	अ *a*, आ *â*,	ए *ê*, ओ *ô*,
Gouna.	ए *ê*,	ओ *ô*,	अर् *ar* (र *ra*),	अल् *al*,		
Vriddhi	ऐ *âi*,	औ *âu*,	आर् *âr* (रा *râ*),	आल् *âl*,	आ *â*	ऐ *âi*, औ *âu*,

14. Le gouna de ऋ *r* se fait parfois en र *r* et la vriddi en रा *râ* pour éviter le choc de trois consonnes. Ex. : द्रष्टुम् *drashtum*, pour *darshtum* ; अद्राक्षाम *adrâxâma* pour *adârxâma*.

अ, *a*, et les diphthongues ए *ê*, ओ *ô*, ne reçoivent que le second renforcement, ou plutôt ne sont renforcées que dans le cas où les voyelles simples reçoivent la *vriddhi*. Cependant *a* est parfois allongé, là où le *gouna* seul est exigé. (Voy. § 146, 2°. 196, etc.).

§ 6. *Accent*.

On distingue, dans la prononciation du sanscrit, outre la tonalité générale, trois intonations différentes ; la première, la plus élevée, forme l'accent tonique principal ; les deux autres servent à conduire la voix à l'accent haut et à la ramener par degré à la tonalité générale. L'effort de voix que demande l'accentuation haute, aiguë, exige que cette dernière soit précédée d'un abaissement du son au-dessous du niveau normal, et suivie d'une tonalité intermédiaire entre la plus élevée et l'ordinaire. L'accent haut s'appelle *udâtta* (élevé). Par contre le ton général, celui des syllabes qui n'ont point d'accentuation particulière, est appelé *anudâtta* (non élevé).

L'accent de la syllabe qui précède celle marquée de l'accent tonique élevé, est l'*anudâttatara* (c'est-à-dire plus sourd que l'anudâtta); celui de la syllabe qui suit est le *svarita* (sonore).

Le sanscrit a donc les quatre modes d'intonation suivants :

L'*udâtta*, l'accent tonique principal, le plus élevé;

L'*anudâttatara*, d'une tonalité plus basse que l'*anudâtta*;

Le *svarita*, plus élevé que l'*anudâtta*, moins que l'*udâtta*;

L'*anudâtta*, tonalité normale.

L'*udâtta* est généralement précédé de l'*anudâttatara* et suivi du *svarita*.

On peut figurer ces divers degrés selon l'échelle suivante :

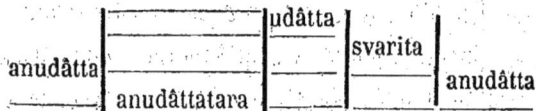

Le sanscrit comme le grec a aussi des mots atones.

Certains mots perdent l'accent *udâtta* et ne conservent que le *svarita*. Ce sont ceux dans lesquels un *i* ou un *u* portant l'accent élevé vient à se transformer en semi-voyelle (*y, w*) par suite de l'adjonction d'un suffixe ou d'un second composant. Ainsi *nadî* (fleuve) aura au nominatif pluriel *nadyàs*. Ce svarita est alors précédé d'un anudâttatara. On l'appelle *svarita* indépendant, principal, tonique. Le même fait peut se produire aussi dans la simple juxtaposition des mots.

L'accent tonique principal se porte généralement, non sur la racine, mais sur l'affixe qui détermine le sens particulier qu'elle prend dans un mot. Il sera donc d'ordinaire sur la voyelle finale du radical, sur celle du suffixe de dérivation, sur l'augment des verbes, etc. Mais l'usage a fait subir à ce principe de nombreuses modifications. Le vocatif, par exemple, a l'accent sur la première syllabe.

L'influence de l'udâtta s'étend jusque sur les mots qui précèdent ou suivent celui qu'affecte cet accent. Ainsi la finale d'un mot marquée de l'anudâtta ou du svarita dépendant prend l'anudâttatara quand la syllabe initiale du mot suivant à l'accent udâtta.

La contraction et la transformation des syllabes initiales et finales amènent aussi des changements dans l'accentuation. Si les deux accents qui se combinent de la sorte sont semblables, l'un d'eux tombe; s'ils sont d'inégale hauteur, le plus élevé prime l'autre en général. L'anudâttatara l'emporte sur l'anudâtta ou le svarita dépendant qui le précède.

L'udâtta déplacé exerce son influence sur l'accent qui le précède dans sa nouvelle position.

Les accents se marquent de différentes manières. Le système le plus généralement employé a deux signes; l'un pour l'anudâttatara, l'autre pour le svarita. Le premier consiste en une ligne horizontale placée sous la syllabe, le second en une ligne perpendiculaire tracée au-dessus. Exemple : पितर् :

L'udâtta ne se marque pas; mais il se trouve nécessairement entre l'anudâttatara et le svarita. Lorsque le svarita suit immédiatement l'anudâttatara c'est que le premier est indépendant. Les autres syllabes non marquées ont l'anudâtta.

Un autre système consiste à marquer l'udâtta d'un signe semblable à un u उ placé au-dessus des lettres.

L'orthographe des Védas emploie encore les chiffres ॄ 1, et ॄ 3 comme signe d'accentuation. Le chiffre ॄ 1 indique une syllabe brève ; le chiffre ॄ 3, une syllabe longue qui porte un svarita indépendant suivi d'un udâtta ou d'un svarita de même espèce qui se trouve à la fin d'un hémistiche ou d'une sentence.

Dans les transcriptions de textes ou de mots sanscrits on marque l'*udâtta* de l'accent aigu et le *svarita* indépendant de l'accent grave.

CHAPITRE II.

LOIS EUPHONIQUES
(SANDHI).

16. Les modifications phoniques produites par le contact accidentel des sons s'étendent en sanscrit non-seulement aux racines, aux radicaux et aux suffixes (comme en latin et en grec), mais aussi à toute la série des mots qui se suivent dans une phrase. (Comparez les mots latins *scribo, scripsi; lego, lectum*).

17. Les lois, qui les régissent, reposent sur les principes suivants :

a) Les voyelles forment les combinaisons alphabétiques indiquées plus haut (§ 2), s'il y a lieu ; ou bien elles se transforment en semi-voyelles. Ex. : *a* et *i* donnent *ê*; *i* et *a* donnent *ya*.

b) Les consonnes tendent à s'assimiler.

c) De deux sons en contact, c'est, en général, le premier qui subit l'influence de l'autre.

18. Les lois euphoniques diffèrent selon qu'il s'agit de l'union des parties d'un mot ou du contact de deux mots soit à l'intérieur d'un composé soit dans la phrase. Il faut donc distinguer ces deux cas.

§ 2. *Mots indépendants. Consonnes finales.*

19. *Principe général.* Le sanscrit ne tolère, devant une pause, qu'une seule consonne et celle-ci ne peut être qu'une dure ou une nasale. De la : 1º Tout mot indépendant qui finit par deux ou plusieurs consonnes ne conserve que la première ; les autres tombent.

Exception. Lorsque la première consonne est un ऋ, *r*, et la suivante une buccale autre qu'une sifflante ou un ह, ces deux consonnes peuvent rester. S'il y en a une troisième, celle-ci seule disparaît.

बभत्स, *bubhuts*, devient बभत्, *bubhut* ; सुवल्क, *suvalk*, devient सुवल्, *suval* ; चिकीर्ष, *cikîrsh*, devient चिकीर् ; mais मुर्क्, *murk*, reste मुर्क्, *murk* (de *murc*, v. 20).

On verra une autre exception au § 149, *e*). *Imparfait.*

20. 2º A la fin d'un mot indépendant les consonnes dures et les nasales seules restent ; les molles et les aspirées se transforment en la dure de leur ordre.

आपद्, *âpad*, devient आपत्, *âpat* (malheur).

समिध्, *samidh*, devient समित्, *samit* (bois à brûler).

21. Les palatales, ainsi que ष, *sha*, et ह, *ha*, font exception. Elles se changent :

च, *ca*, en क, *ka* ; — ज, *ja*, en क, *ka*, parfois en ट, *ta* ;

छ्, *chʼ*, श्, *ça*, ष्, *sha*, et ह्, *ha*, en र्, *ta*, parfois en क्, *ka*; ञ्, *ña*, en ङ्, *γa*. Exemples :

वाच्, *vâc*, fait वाक्, *vâk* (voix).

असृज्, *asṛj*, fait असृक्, *asrk* (sang).

राज्, *râj*, fait राट्, *rât* (roi).

दिश्, *diç*, fait दिक्, *dik* (région).

विश्, *viç*, fait विट्, *vit* (homme).

उष्णिह्, *ushnih*, fait उष्णिक्, *ushnik* (mètre).

प्रत्यञ्, *pratyañ*, fait प्रत्यङ्, *pratyaγ* (occidental).

उपानह्, *upânah*, fait उपानट्, *upânat* (soulier).

22. L'aspiration de la consonne finale, perdue en vertu de cette règle, passe à la consonne initiale de la syllabe, quand celle-ci est une molle. Exemples :

बुध्, *budh*, donne भुत्, *bhut* ; दुह्, *duh*, donne धुक्, *dhuk*.

वेदभुत्, *Vêdabhut* (pour वेदबुध्, *Vêdabudh*), qui connaît les Védas.

कामधुक्, *kâmadhuk* (pour कामदुह्, *kâmaduh*), vache d'abondance.

Cette règle s'applique, lors même que la consonne finale subit l'influence de la suivante, ou que la racine est suivie d'un suffixe. Exemples :

वेदबुध् चरति, *Vêdabudh carati*, devient वेदभुच्चरति, *Vêdabhuc carati* (चर्, aller) ; बोध् स्यामि, *bôdh syami*, deviendra भोत्स्यामि, *bhôtsyâmi* (futur de *budh*).

§ 2. *Contact des mots dans la phrase.*

A. Rencontre des voyelles.

23. 1° Voyelles semblables. — Elles forment une longue.

इ *i* ou ई *î* et इ *i* ou ई *î* suivant donnent ई *î*.

उ *u* ou ऊ *û* et उ *u* ou ऊ *û* suivant donnent ऊ *û*.

ऋ *r* et ऋ *r* suivant donnent ॠ *r̄*.

EXEMPLES :

अति *ati* et इव *iva* font अतीव *atîva*.

अनु *anu* et उत् *ut* font अनूत् *anût*.

पितृ *pitr* et ऋक्तम् *rktam* font पितॄक्तम् *pitr̄ktam*.

24. 2° Voyelles dissemblables.

A. अ *a* et आ *â* gounifient les voyelles suivantes et vriddhifient les diphthongues.

अ *a*, आ *â* et इ *i*, ई *î* font ए *ê*.

— et उ *u*, ऊ *û* font ओ *ô*.

— et ऋ *r*, ॠ *r̄* font अर् *ar* (1).

— et ऌ *l* font अल् *al*.

अ *a*, आ *â* et ए *ê*, ऐ *âi* font ऐ *âi*.

— et ओ *ô*, औ *âu* font औ *âu*.

25. Exemples : सिता उवाच *sitâ uvâca* fait सितोवाच *sitôvâca* (Sitâ dit) ; सिता एति *sitâ êti* fait सितैति *sitâiti* (Sitâ va).

B. इ *i*, ई *î*, उ *u*, et ऊ *û* devant une autre voyelle se résolvent en la semi-voyelle correspondante, इ, ई en य् *y*, उ, ऊ en व् *v*. De même ऋ devient र् *r*.

_____

(1) La finale अ *a* ou आ *â* d'une préposition avec un र *r* initial suivant fait आर् *âr*, au lieu de अर् *ar*. Exemple : अप संछृति *apa rcchati* fait अपार्छृति *apârcchati*.

Exemples : प्रति एकम् *prati ékam* fera प्रत्येकम् *pratyékam* ; अनु एमि *anu émi* fera अन्वेमि *anvémi* ; प्रति ऋच्छामि *prati-rcchámi* fera प्रत्यृच्छामि *pratyrcchámi*.

C. ए *é* et ओ *ô* suivis de अ *a* amènent la chute de cette voyelle qui est remplacée par un apostrophe.

Ex. रामो अस्ति *rámô asti* devient रामो ऽ स्ति *rámô'sti*, c'est Râma ; (वने अस्ति *vané ásti*) वने ऽ स्ति *vané'sti*, il est dans la forêt.

26. D. ए *é* et ओ *ô* suivis de toute autre voyelle que अ *a* perdent le second élément et deviennent अ *a*.

Ex. : (वाने आस्ते, एति *vâné âsté, éti*) font वान आस्ते, एति *vâna âsté, éti*.

On trouve cependant aussi l'apostrophe devant आ *â*.

Ex. : ते ऽ अमास् *té '-çramâs*, ces ermitages.

27. E. ऐ *âi* suivi d'une voyelle devient आय् *ây* ou आ *â* : (अस्मै *asmâi*) अस्मा अब्रावित् *asmâ abrâvit*, il lui dit.

ओ *âu* suivi d'une voyelle devient आव् *âv* ou आ *â* : (क्षितौ *xitâu*) क्षितावटामि *xitâvaṭâmi*, je marche sur la terre.

28. *Exceptions.* 1° Restent invariables les adverbes et les interjections en ओ *ô*. Ex. नो *nô*, अहो *ahô*, etc.

2° Sont généralement invariables, mais parfois soumises aux lois du sandhi, les finales इ *î*, ऊ *û*, ए *é* du duel, ओ *ô* du vocatif, et ए *é* du pluriel.

Ex. : कवी इक्षन्ते, *kavî îxanté*, les deux poètes regardent.

3° La finale अ *a* ou आ *â* d'un préfixe tombe devant un ए *é* ou un ओ *ô* initial d'un radical verbal ; excepté devant ए *é* de इ *i* (aller) et devant एध् *édh* (croître). Ex. : प्र एष् *pra ésh* donne प्रेष् *présh*, प्र एमि *pra émi* donne प्रैमि *prâimi*. Voyez aussi § 250, note.

B. Contact des consonnes et des voyelles.

29. *Principe général.* Toute consonne finale doit être de la même nature que la lettre initiale du mot suivant; sonore, si cette dernière est sonore ; sourde, si elle est sourde.

(वाक् एषा *vâk êshâ*) वाग् एषा *vâg êshâ*, cette voix.

(आसीत् राझा *âsît râjâ*) आसीद् राझा *âsîd râjâ*, il fut un roi.

(वेद्विद् तपस्वी *védavid tapaswî*) वेदवित्तपस्वी *védavitta-paswî*, connaissant les Védas, pénitent.

L'aspirée finale devant une consonne perd son aspiration.

युध् *yudh*, युद् भीस् *yud bhîs*.

30. *Dentales finales.* Les dentales त् *T*, थ् *th*, द् *d*, ध् *dh*, suivies d'une palatale, d'une linguale ou d'un ल *la*, s'assimilent, à la consonne qui les suit, mais ne deviennent pas aspirées. Ainsi le *t* final de *tat* deviendra, d'après ce qui suit, *j*, *d*, *l*, etc. Ex. तज्जलम्, *tajjalam* cette eau ; तड्डालम् *tad dhâlam*; ce bouclier; तल्लोचनम् *tallôcanam*, ce regard; mais तच्छद्म *tac chadma*, cette fourberie, et non तच् छद्म *tach chadma*.

31. त् *T*, थ् *th*, द् *d*, ध् *dh*, et श् *ç* initial suivant deviennent च्छ् *cch* ou च्च् *cç*.

(तत् *tat*) तच्शृनु *tac çrnu* ou तच्छृनु *tacchrnu*, écoute cela.

32. त् *T*, थ् *th*, द् *d*, ध् *dh*, et ह् *h* deviennent द्ध् *ddh* ou ध् *dh*.

(तत् ह्ति *tat hita*) तद्धित *taddhita*.

क् *k*, ख् *kh*, ग् *g*, घ् *gh* et ह् *h* suivant deviennent ग्ध् *gdh*, ग्घ् *ggh*.

(वाक् ह्ीन *vâk hîna*) वाग्घीन *vâgghîna* ou वाग्धीन *vâgdhîna*, sans voix.

33. *Nasales initiales.* Les *nasales initiales* transforment ordinairement en nasales les muettes précédentes.

(तत् मीनम् *tat mînam*) तन्मीनम् *tanmînam*; (वाक् मनसौ *vák manasâu*) वाङ्मनसौ *vâɣmanasâu*.

34. *Nasales finales.* Les *nasales finales* prennent le degré des consonnes qui les suivent ou se transforment en anuswâra.

(तान् गजान् *tân gajân*) ताङ्गजान् *tâɣgajân*; — (तम्) तन्दन्तम् (*tam*) *tandantam.*

35. न् *N* finale suivie de ल् *L* devient *anunâsika* et la semi-voyelle se double :

(वृक्षान् लोकये *vrxán lokayê*) वृक्षाँल्लोकये *vrxâ~llôkayê*, je vois des arbres.

36. न् *N* suivie de य् *ç* se change en ञ् *ñ*; य् *ç* reste ou se change en छ *ch*, et dans ces derniers cas on intercale parfois un च् *c* entre les deux consonnes.

Exemples : अविन्दन् शतम् *avindan çatam* fait अविन्दञ् शतम् *avindañçatam*, अविन्दञ्छतम् *avindañchatam*, ou अविन्दञ्च्शतम् *avindañccatam*, ou bien अविन्दञ्च्छतम् *avindañcchatam*. (Ils trouvèrent cent).

Sifflante finale ou *Visarga.*

37. स् *S* précédé d'une voyelle autre que अ *a*. — *a*) Devant une sourde.

स् *s* suivi de क् *k*, ख् *kh*, प् *p*, फ् *ph*, devient *visarga*.

(रविस् *ravis*) रविः प्रभाति *ravi: prabhâti*, le soleil brille.

स् *s* suivi des autres consonnes *dures*, prend le degré de cette consonne.

रविश्चरति *raviç carati*, le soleil marche.

रविष्टिकते *ravish tikaté*, le soleil s'avance.

स् *s* suivi d'une sifflante en prend le degré, ou se change
en visarga.

b) Devant une sonore :

स् *s* suivi de र् *r* tombe et la voyelle précédente est allongée.

(रविस् *ravis*) रवो रोचते *ravî rocate*, le soleil brille.

Suivi de toute autre sonore, il devient *r*.

(अग्निस् *agnis*) अग्निर्दहति *agnirdahati*, le feu brûle.

Ces principes s'appliquent aux autres sifflantes en général.

38. अस् *as*. — Les règles du § précédent subissent les
exceptions suivantes :

अस् *as* suivi de toute autre voyelle que अ *a* perd la sifflante finale.

(अश्वस् *açvas*) अश्व एति *açwa éti*, le cheval va.

अस् *as* suivi de अ *a* ou de toute autre sonore qu'une
voyelle, devient ओ *ô* (1).

अश्वो गच्छति *açwô gacchati*, le cheval vient. नालो ऽ गच्छत्
Nâlô'gachat. Nâlas venait. नालो नाम *Nâlô nâma*, du nom
de Nâla.

39. आस् *âs* suivi d'une sonore perd la sifflante (v. § 25).

(अश्वास् *açvâs*) अश्वा यन्ति, गच्छन्ति *açwâ yanti, gacchanti*.

40. र् *r final*. — र् *r* final est traité comme स् *s* et suit
toutes les règles du § 37. Il se change en visarga ou en
sifflante devant les sourdes, etc.

41. ष् *sh*, श् *ç*, *et palatales*. — A la fin des mots ces
lettres se transforment selon les principes du § 21 et suivent
les règles des consonnes qui les remplacent (v. § 33).

Ex. : वाच् *vâc* devient वाक् *vâk* et fait वाग्भिस् *vâgbhis*,
वाक्षु *vâxu*, etc.

—————

(1) Les adjectifs pronominaux *sas, syas, eshas* perdent le *s* final
devant toute lettre autre que *a*. Ex. : *sa rájá*, ce roi.

Intercalation de lettres.

42. Entre un ह initial et une voyelle brève ou les parti-cules आ *â* ou मा *mâ*, on intercale un च *c* (comparez § 69).

Ainsi तवच्छाया *tavacchâyâ* pour तव छाया *tava châyâ*, (ton ombre); माच्छलय *mâcchalaya* pour मा छलय, *mâ chalaya*, ne trompe pas.

43. Entre न् *n* et त् *t*, ट् *t*, च् *c* ou leurs aspirées on in-tercale les sifflantes du même ordre que ces consonnes. न् *n* devient *anunâsika* et quelquefois *anusvâra*.

Ex. : ताँस्तु *tâⁿstu* pour तान् तु *tân tu*; ताँश्चोरान् *tâⁿçcôrân* pour तान् चोरान् *tân côrân*, ces voleurs (acc.).

44. Entre ट् *t* ou न् *n* et स् *s* on peut intercaler त् *t*.

Ex. : द्विट्त्सन् *dvittsan* pour द्विट् सन् *dvit san*, étant ennemi.

45. Entre ङ् *ŋ* et une sifflante on peut insérer क् *k*; entre ण् *n* et une sifflante, un ट् *t*.

Ex. : सुगण्ट्सु *sugantsu* pour सुगण्सु *sugansu*.

Consonnes doublées.

46. On double les nasales finales (M excepté) lorsqu'elles se trouvent entre deux voyelles dont la première est brève.
Ex. : अस्मिन् आज्ञौ *asminn âjâu* (pour *asmin*), dans ce champ.

47. म् *m* final suivi de र् *r*, श् *ç*, ष् *sh*, स् *s* ou ह् *h* peut devenir *anunâsika*; suivi de य् *y*, व् *v*, ल् *l*, il se transforme en *anunâsika* et la semi-voyelle se double. Un *h* initial in-terposé n'empêche pas cette transformation.
Ex. : किँल् ह्लगति *kiⁿl hlagati*, que cache-t-il?

48. Une nasale suivant le *h* produit le même effet :
Ex. : किन्हुते *kiⁿn hnutê*, qu'enlève-t-il?

§ 3. *Union des radicaux et des affixes.*

49. *Principes généraux.* 1° Les voyelles, les semi-voyelles et les nasales initiales des suffixes n'influent point sur les consonnes finales des radicaux. Ainsi *lump* et *anti* feront *lumpanti* et non *lumbanti*.

50. 2° Les consonnes finales des radicaux doivent être de même nature que les consonnes initiales du suffixe, les nasales exceptées (cp. § 29).

51. 3° Si le radical finit par deux consonnes, on suit la règle du § 19.

Rencontre des voyelles.

52. La voyelle finale du radical s'élide ou se modifie, mais ne se combine pas généralement avec la voyelle initiale du suffixe. अ, *a*, s'élide ordinairement et devient ए, *ê*, devant certains suffixes. आ, *â*, reste souvent. Ex. पा, *pâ*, et अन्ति, *anti*, font पान्ति, *pânti*.

53. इ, *i*, et ई, *î*, se transforment en य्, *y*; et en इय्, *iy*, après deux consonnes ou dans un monosyllabe. Ex. भी, *bhî*, et इ, *i*, donnent भियि, *bhiyi*.

उ, *u*, ऊ, *û*, se changent en उव्, *uv*, ou simplement en व्, *v*, quand suit une voyelle autre que उ, *u*, ou ऊ, *û* (1). Ex. नुनु, *nunu*, et उस्, *us*, donnent नुनुवस्, *nunuvus*.

54. ऋ, *r*, devient र्, *r*; et अर्, *ar*, après deux consonnes. Ex. कृ, *kr* (faire), चक्र, *cakra*; स्मृ, *smr*, se souvenir; सस्मर्, *sasmara* (au parfait).

ॠ, *r*, devient अर्, *ar*, इर्, *ir*, ईर्, *îr*, उर्, *ur*, ou ऊर्, *ûr*, selon la nature de la consonne qui le précède.

1) *U* s'élide devant le suffixe *iman; û* ne s'élide point.

55. Les diphthongues se dissolvent : ए, *ê*, donne अय्, *ay*; ऐ, *âi*, आय्, *ây*, etc. Ex. रै, *râi* (chose), नौ, *nâu* (navire), et इ, *i*, donneront रायि, *râyi*, नावि, *nâvi*.

56. Les diphthongues se changent fréquemment en आ, *â*, surtout devant les consonnes; दो, *dô*, et त, *ta*, donnent दात्, *dâta*.

Devant य, *y*, elles deviennent आ, *â*, ए, *ê*, ou ई, *î*, ou restent.

Devant une voyelle elles tombent parfois : दद्, *dada* (p. *dadôa*).

आ, *â*, subit les mêmes modifications.

दा, *dâ*, fait देय, *dêya*, दीये, *dîyê*; चो, *çô*, चोयास्व, *çôyâsva*.

Consonnes finales ou initiales.

57. *Semi-voyelles finales.* इ, *i*, et उ, *u*, suivis de र्, *r*, व्, *v*, ou ल्, *l*, s'allongent souvent devant une consonne ou un य्, *y*. Ex. : गिर्, *gir*, गीर्भिस्, *gîrbhis*; दिव्, *div*, दीव्य, *divya*.

58. य्, *y*, व्, *v*, et न्, *n* thématique tombent souvent devant une consonne. Ex. : पूय्, *pûy*, पूति, *pûti*; राजन्, *râjan*, राजभ्यस्, *râjabhyas*. Il en est de même de न्, *n*, devant une voyelle dans les composés. Ex. : राजेन्द्र, *râjêndra*, pour *rajan indra*.

Mais il se conserve dans les formes qui demandent le thème amplifié. Ex. : हन्, *han*, हन्तुम्, *hantum* (tuer).

59. *Gutturales, sifflantes.* Dans les verbes, च्, *c*, छ्, *ch*, ज्, *j*, se changent en gutturales devant une consonne et suivent les règles du § 30. Dans quelques verbes ज्, *j*, devient ष्, *sh*, devant *t* (1). *J* et *n* font *jñ*. Ex. : यज्ञ, *yajna* (de *yajna*).

60. च्, *x*, छ्, *ch*, श्, *ç*, avec त्, *t*, font ष्ट, *sht*; avec थ, *th*,

(1) Ce sont *bhrajj*, *bhrâj*, *mrj*, *yaj*, *râj*, *srj*. Il en est de même dans leurs composés. Les composés nominaux prennent *t* (*d*) pour *j*. Ex. : *amârj*. Nom. *amârt*. Loc. plur. *amârtsu*. *Rtvij* (de *yaj*) fait exception et prend un *k*; *rtvik*.

ष्, *shth.* Ex. : दृश्, *drç,* donne दृष्ट, *drshta.* छ्, *ch,* suivi de न्, *n,*
ou म्, *m,* devient श्, *ç* : प्रछ्, *prach,* प्रश्मि, *praçmi.*

61. Ces lettres ainsi que ष्, *sh,* devant ध्, *dh,* deviennent ड्, *d,*
dans la conjugaison — Ex. *dvish* et *dhvê* donnent *dviddhvê.*
Devant *s* elles donnent *x.* Ex. : द्विड्ढ्व, *dvixva,* pour द्विष्ढ्व,
dvishsva. Les consonnes dures deviennent molles devant *dh.*

Dans la déclinaison les souffles et les palatales suivent les
règles de leur radical en *t* ou en *k* : विश्, दिश्, *viç, diç,* font
au loc. plur. विट्सु, *vitsu,* दिक्षु, *dixu.* Voy. n° 21.

62. त्, *x,* ष्, *sh,* ह्, *h,* et *gutturales.* Suivies de स्, *s,* verbal,
elles donnent त्, *x.* Ex. : लिह् ख, *lih sva,* devient लिह्व,
lixva; द्विष्ख, *dwish va,* devient द्विक्ष्व, *dwixva.* ष्, *sh,* et ह्, *h,*
dans la déclinaison deviennent le plus souvent ट्, *t.* Ex. लिह् सु,
lih su, fait लिट् सु, *lit su.*

63. *Aspirées.* Lorsqu'une aspirée molle est suivie de *t* ou *th,*
l'aspiration passe sur la dentale qui devient *dh.* Ex. : बुध्, *budh,*
लभ्, *labh,* et त्, *ta,* font बुद्ध, *buddha,* लब्ध. ह्, *h,* provenant de
घ, *gh,* ou de ध्, *dh* (1), suit la règle de ces aspirées. Ex. : दुह्,
duh, दुग्ध, *dughda ;* नह्, *nah,* नद्ध, *naddha.*

Les règles du § 22 sont ici appliquées. Ex. : दिह्, *dih,* fait
धिक्ष्व, *dhixva.*

ह्, *h,* avec त्, *t,* थ्, *th,* ou ध्, *dh* suivant, forme souvent ढ्, *dh ;*
et la voyelle radicale s'allonge : लिह्, *lih,* et त्, *ta,* donnent
लीढ, *lidha ;* *lih* et *dhi* donnent लीढि, *lidhi,* etc.

64. *Linguales.* Les linguales suivies d'une dentale transform-
ment celle-ci en linguale, mais la linguale prend le degré de la
dentale. Ex. : ईड्, *id,* et त्, *ta,* donnent ईट्ट, *itta.* द्विष्, *dvish,* et
त्, *ta,* donnent द्विष्ट, *dvishta.*

---

(1) Ce dernier cas est celui des verbes *dah, dih; duh, gâh, nah.*

65. स्, *s final*. Les exceptions aux règles précédentes sont :
Après अ, *a*, ou आ, *â*, स्, *s*, et सि, *si*, font सि, *si*, ou स्सि, *ssi*.

—   —   —   —   et ख, *sva*, font ख, *sva*, ou स्ख, *ssva*.

—   —   —   —   et धि, *dhi*, font ड्डि, *ddhi*.

—   —   —   —   et स्य, *sya*, font त्स्य, *tsya*.

Après इ, *i*, ई, *î*, उ, *u*, ou ऊ, स, *s*, et ख, *sva*, font ष, *shva*.

—   —   —   —   et धि, *dhi*, font ड्डि, *ddhi*, ou धि, *dhi*.

—   —   —   —   et स्य, *sya*, font parfois ट्य, *xya*.

66. Le groupe स्त्, *st*, initial d'un suffixe, précédé d'une consonne, perd la sifflante. Ex. : अल्बधास्, *alabdhâs*, pour *alabhsthâs*.

Transformation de न् *n* en ण् *n*.

67. Cette transformation a lieu lorsque न्, *n*, est suivi d'une voyelle ou de म्, *m*, न्, *n*, य्, *y*, व्, *v*, et qu'il est précédé de र, *r*, ॠ, *r̂*, ृ, *r*, ou ष्, *sh*, soit immédiatement uni, soit séparé par une ou plusieurs lettres parmi lesquelles ne se trouvent ni palatales, ni linguales, ni dentales, ni aucune des lettres ल्, *l*, च्, *c*, स्, *s*. Ex. : रणोमि, *rnômi*, ट्र्माण, *drçâna*, निषण्ण, *nishanna*.

Les préfixes अन्तर्, *antar*, निर्, *nir*, पर्, *para*, परि, *pari*, प्र, *pra*, et ड्र्, *dur*, peuvent produire le même effet (1).

Transformation de स् *s* en ष् *sh*.

68. Elle a lieu (2) lorsque स्, *s*, est suivi d'une voyelle ou de न्, *n*;

(1) *N* se transforme en *n* principalement dans les suffixes nominaux, dans ceux de la cinquième et de la neuvième classe de verbes (*nô, nu*, etc.), et à l'impératif (*âni*). Il en est de même dans quelques mots composés.

(2) Ce changement peut être produit par un préfixe verbal. Ex. : *anu* et *sajj* font *anushajj*.

म्_ *m*, य्_ *y*, व्_ *v*, क्_ *k*, त्_ *t*, थ्_ *th*, et qu'il est précédé soit d'une voyelle autre que अ *a*, ou आ *â*, soit de क् *k*, र् *r*, ou ल् *l* (1).

L'anuswâra de la voyelle précédente n'empêche point cet effet non plus que la sifflante ou le visarga intermédiaire. Exemple : ज्योतींषि *jyótînshi*, आशिःषु *âçiˑshu*.

Est excepté स् *s* final des mots en इस् *is*, उस् *us* formés de la racine pure. Ex. सुतुस् *sutus* (de *tus*). Instr. सुतुसा *sutusâ*, et non सुतुषा *sutushâ*; mais आशिस् *âçis* (de ा *â*, शास् *çâs*) fait आशिषस् *âçishas*, etc. Voyez aussi § 207, note; 215, 8°, note (suffixe *sât*).

69. *Intercalation de* च् *c*. Une intercalation semblable à celle du § 42 s'opère entre la racine et le préfixe bref, le redoublement ou l'augment. Ex. प्रच्छन्नस् *pracchannas*, अच्छदम् *acchadam*, de छद् *chad*, cacher.

70. *Redoublement après* र् *r*. Certains auteurs redoublent parfois les consonnes qui suivent un र् *r*. Ex. कर्म्म *karmma*, etc.

Les règles exposées dans ce chapitre sont sujettes à de nombreuses exceptions que l'usage apprendra. La nasale न् *n*, notamment, reste souvent malgré les règles.

CHAPITRE III.

DÉCLINAISON.

§ 1. *Des éléments des mots.*

71. En sanscrit, comme dans toutes les langues aryaques, les mots se composent de racines, de suffixes primaires et secondaires constituant les radicaux, et de suffixes de flexion.

(1) L'altération de la sifflante se produit parfois aussi après les suffixes *ati*, *anu*, après *abhi*, *ni*, *nis*, etc. et dans certains composés. Elle se produit même parfois contrairement aux règles. Ex. *dushpûra* difficile à remplir, *prashtha*, devancier, etc.

Certaines formes présentent la racine nue : हृद्, विम्; d'autres n'ont que la racine et le suffixe de flexion : विमि, हृठसु; le radical en ce cas ne diffère point de la racine. Dans करस्, dans इषुस्, au contraire, la racine est कर्, इष्; अ et उ sont des suffixes constitutifs du radical; स् est le suffixe de flexion, formateur du mot.

§ 2. *Du genre.*

72. Le sanscrit a trois genres, le masculin, le féminin et le neutre, comme le latin et le grec. Mais pas plus que ces langues il n'a de règles fixes pour déterminer le genre des noms d'êtres inanimés ou abstraits. On peut cependant poser quelques principes en considérant soit la finale des noms, soit l'objet qu'ils désignent.

I. Finale des noms.

a) Les mots en voyelle longue, simple (आ, ई, ऊ) sont presque tous du féminin. Ex. *nadî*, fleuve, *vadhù*, femme.

b) Ceux qui finissent par अ sont masculins ou neutres et souvent l'un et l'autre. Les noms en अ sont masculins lorsqu'ils désignent un agent ou un acte, et neutres quand ils désignent un état, un résultat, un terme. Ex. भेदस् (m.), l'acte de fendre; छिद्रम् (n.), fente; मलस् et मलम् tache.

Les noms abstraits en व, ceux en अन, et les noms d'instrument en त्र sont neutres. Ex. राज्व, royauté; दान, don.

c) Les noms en आ sont féminins ou masculins. Les noms abstraits en ता ou ना sont généralement du féminin.

d) Les polysyllabes en अन् et अस्, les dérivés en इमन् et अन् sont masculins.

e) Les primitifs en मन्, les noms abstraits en अन्, les dissyllabes en अस्, इस्, उस् sont généralement du neutre. Ex. शिरस्, tête; ब्रह्मन्,

Brahman. Les noms primitifs qui ont une autre terminaison consonnantique sont la plupart du féminin. Ex. वाच्, voix ; युध्, combat.

II. Nature de l'objet désigné.

Sont *masculins* (outre les noms d'agents et d'êtres mâles) : la plupart des désignations du soleil, de la lune, du feu, du vent, du temps, du monde et du paradis, des nuages, des montagnes et de la mer, des arbres, du corps et de ses membres, des poids et des mesures.

Sont *féminins* (outre les noms d'être du sexe féminin) : les désignations des lunaisons et stations lunaires, des régions terrestres, de la terre, de la nuit et de ses divisions, de l'intelligence et de ses opérations.

Sont *neutres* la plupart des mots désignant le visage et les sensations, l'atmosphère, l'éther, l'eau ; ou signifiant fruit, légume, métaux, etc.

Exceptions. दारास् (sans singulier), épouses, est du masculin ; कलत्र, épouse ou femelle, et गृह, maîtresse de maison, sont neutres.

§ 3. *Des flexions.*

73. Le sanscrit a huit cas ; outre les cas du latin, il en possède encore deux autres dont le premier (l'*instrumental*) sert à désigner, le moyen, le rapport de concomitance ; et le second (*le locatif*), l'existence dans un lieu, le mouvement dans ou vers un lieu.

74. Le sanscrit a une déclinaison spéciale pour les mots féminins terminés par une voyelle, et des formes propres aux cas directs du pluriel et du duel des neutres.

Le neutre a partout le nominatif, le vocatif et l'accusatif semblables.

Les formes de flexion sont à peu près les mêmes pour tous les radicaux d'un même genre ; mais l'union des radicaux et des suffixes amène des altérations et des modifications profondes tant dans la finale du radical que dans le suffixe casuel (1).

75. On a donc divisé les flexions sanscrites en cinq ou six (2) déclinaisons qui diffèrent d'après la lettre finale des radicaux. Cette finale est : *Première déclinaison* : consonnes et semi-voyelles; *deuxième* : a; *troisième* : i, u; *quatrième* : â, î, û; *cinquième* : r.

TABLEAU GÉNÉRAL DES FORMES DE FLEXION.

	SINGULIER.			PLURIEL.		
	MASC. (FÉM.)	NEUTRE	FÉM.	MASC. (FÉM.)	NEUTRE.	FÉM.
Nom.	— स् (1)	— म्	स्	अस् (9)	इ	अस्
Acc.	अम्, म् (2)	म्	अम्, म्	अस् (न्) (10)	इ	अस् (स्)
Gén.	अस् (3) (स्य) (4)		आस् (8)	आम् (11)		
Abl.	अस् (3) (अत्) (5)		आस्	भ्यस् (12)		
Dat.	ए (6)		ऐ	भ्यस्		
Instr.	आ		आ	भिस्		
Loc.	इ (7)		आम्	सु (13)		

DUEL.

Nom. Voc. Acc. औ. — Gen. Loc. ओस्. — Dat. Abl. Inst. भ्याम् (14).

Formes latines et grecques correspondantes : (1) Nom. *s*, ς, neutre, *m*, ν. — (2) *em*, *m*, ν, α. — (3) *os*, *is*. — (4) ιο, οιο. — (5) *d*, *summod*. — (6) φ. — (7) *i*, *rosae* p. *rosai*, *domini*, ι *dat*. — (8) *âs*, *familiâs*. — (9) *es*, ες. — (10) *es*, ας. — (11) ων, *um*. — (12) *bus*, φις. — (13) σι. — (14) φιν.

(1) Les radicaux en *a* ont des formes particulières pour le génitif et l'ablatif du singulier; ce sont *sya* pour le premier et *at* pour le second. Notez encore la forme *âu* du locatif des mots masculins et féminins en *i* et en *u*.

(2) Beaucoup de grammairiens font une déclinaison spéciale (la sixième) des radicaux en diphthongues ou semi-voyelles.

76. TABLEAU DES DÉSINENCES DES SIX DÉCLINAISONS·

Les chiffres apposés aux formes désignent la déclinaison.

	RADICAUX CONSONNANTIQUES.		RADICAUX VOCALIQUES.		
	Singulier.		*Singulier.*		
	M. F.	N.	M.	N.	F.
Nom.	—	—	s	— (m)	ā
Voc.	—	—			
Acc.	am	—	m	—	m
Gén.		as	(sya 2) as, ês, ôs 3, us 5	(n) as (sya) 2	âs (yâs)
Abl.		as	at 2, id.	(n) as (at) 2	—
Dat.		ê	ê (âya) 2, ê (ayê) 3	(n) ê	âi (yâi)
Instr,		â	(n) à	(n) â	â (yâ)
Locatif.		i	i (âu) 3	(n) (i)	âm (yâm)
	Pluriel.				
Nom.	as	(n) i	as (ayas) 3	(n) i	as
Voc.	—	—	—	—	—
Acc.	—	—	(1) (—) n	—	(—) s
Gén.		âm	(—) nâm (2)		
Abl.		bhyas	bhyas		
Dat	—		—		
Instr.		bhis	bhis (ais)		
Loc.		su	su (shu)		
	Duel.				
	M. F.	N.	M.	N.	F.
Nom. Voc. Acc.	âu	î	âu (î û) 3	(n) î (î) 2	âu (î, ù)
Dat. Ablat.		bhyâm	(â) bhyâm		
Instrum.		—			
Gén. Loc.		ôs	ôs (yôs) 2		

(1) La voyelle finale du radical est allongée. — (2) Ou *âm*,

77. *Remarques.* 1° Les dissyllabes vocaliques prennent parfois la lettre de liaison *n* ou *y* devant la voyelle initiale des suffixes. Le *y* s'emploie au féminin et au génitif duel commun de la deuxième déclinaison. Ex. : *çiváyás, çivayós. N* s'emploie au neutre des mots en *i, u, r,* au génitif pluriel commun et à l'instrumental masc.-n. du sing. des thèmes vocaliques. Ex. : *vasu* (n). Gén. *vasunas. Kavis* (m), *kaviná, kavínâm.*

2° La seconde déclinaison a au datif masc.-n. du sing. *âya* (p. *aê*) à l'instrumental pluriel *áis* pour *abhis.* L'*a* bref se change en *ê* devant les consonnes (*éna, êbhyas, êshu*) et en *â* au datif duel (*âbhyâm*). Les formes du génitif et de l'ablatif sont indiquées au tableau (*asya, ât*). L'*á* du féminin devient bref à l'instrumental singulier, qui a *ayá* pour *áyá.*

3° La troisième déclinaison *(i, u)* a au génitif singulier *ês, ós* pour *aias, avas*; au datif singulier, au nominatif pluriel masculin et féminin, et au génitif duel (avec la voyelle gounée : *ay, av* pour *i, u) ayê, avê, ayas, avas, ayós, avós);* au locatif masculin singulier, *âu* pour *ayi,* ou *avi.* Au nominatif duel masculin et féminin la voyelle s'allonge : (*î, û.*) — Les mots féminins suivent souvent la déclinaison masculine au singulier.

4° La cinquième déclinaison a au masculin et au féminin le nominatif singulier en *á,* le génitif singulier en *us.* A l'accusatif et au locatif singulier ainsi qu'au nominatif pluriel et duel de ces deux genres, le *r* s'allonge en *ar* ou *âr* : (*pitr*) *pitâ, pitus, pitaram, pitari, pitarâu; dâtr, dâtâram,* etc. Voyez § 87). Le vocatif singulier est en *ar* (en *ar* ou *r* au neutre).

5° Les noms *neutres* de la première déclinaison non terminés par une semi-voyelle ou une nasale insèrent un *anuswâra* dans la racine, au nominatif et à l'accusatif du pluriel. En outre les neutres en *s* ou en voyelle allongent la voyelle du radical (voy. § 90). Ex. *hrd, hrndi; çiras, çirânsi; dânam, dânáni.*

6° Le sanscrit a aussi des mots indéclinables. Ex. : *ayás,* feu, *nak,* nuit, *vishá,* intelligence, *çman,* visage, *sanvat,* année, et quelques expressions liturgiques employées, la plupart, comme interjections. D'autres sont tantôt déclinables, tantôt indéclinables. Ex. *çraddhá,* foi, *vibhâshâ, patois.*

Quelques mots ne sont employés qu'au pluriel : *ap,* eau, *dára,* épouse, *varshá,* saison des pluies, *sikatá,* sable, *sumanas,* fleur, *asu,* esprit vital, etc.

PARADIGMES DES DÉCLINAISONS.

PREMIÈRE · DÉCLINAISON. ·

78. Radicaux terminés par une consonne ou une semi-voyelle.

Semi-voyelle : नाव् (नौ), *navire.* — Consonne : सुह्र्द्, *ami,*

SINGULIER.

		Masc.-Fém.	Neutre.
Nom. Voc.	नौस्	सुह्र्द्	सुह्र्द्
Acc.	नावम्	सुह्र्दम्	—
Gén.	नावस्	सुह्र्दस्	
Abl.	—		
Dat.	नावे	सुह्र्दे	
Instr.	नावा	सुह्र्दा	
Loc.	नावि	सुह्र्दि	

PLURIEL.

Nom. Voc. Acc.	नावस्	सुह्र्दस्	सुह्र्न्दि
Gén.	नावाम्	सुह्र्दाम्	
Dat. Abl.	नौभ्यस्	सुह्र्द्भ्यस्	
Instr.	नौभिस्	सुह्र्द्भिस्	
Loc.	नौषु	सुह्र्त्सु	

DUEL.

N. V. Acc.	नावौ	सुह्र्दौ	सुह्र्दी
Gén. Loc,	नावोस्	सुह्र्दोस्	
D. Ab. Instr.	नौभ्याम्	सुह्र्द्भ्याम्	

2

PLURIEL DES NOMS NEUTRES EN *as*, *is*, *us*.

मनस् *(esprit)*. — ज्योतिस् *(éclat)*.

Nom. Voc. Acc.	मनांसि	ज्योतींषि
Gén.	मनसाम्	ज्योतिषाम्
Abl. Dat.	मनोभ्यस्	ज्योतिर्भ्यस्
Inst.	मनोभिस्	ज्योतिर्भिस्
Loc.	मनःसु	ज्योतिःषु (1)

DEUXIÈME DÉCLINAISON.

79. Thèmes masculins et neutres en *a*. Ex. गत, *parti*.

	Masc.	*Neutre.*	*Masc.*	*Neutre.*
	SINGULIER.		PLURIEL.	
Nom.	गतस्	गतम्	गतास्	गतानि
Voc.	गत		—	—
Acc.	गतम्		गतान्	—
Gén.	गतस्य		गतानाम्	
Abl.	गतात्		गतेभ्यस्	
Dat.	गताय		—	
Instr.	गतेन		गतैस्	
Loc.	गते		गतेषु	

DUEL.

	Masc.	*Neutre.*
Nom. Voc. Acc.	गतौ	गते
Gén. Loc.	गतयोस्	
Dat. Abl. Instr.	गताभ्याम्	

(1) Les noms en *us* font de même : *unshi, ushám, urbhis, u: shu.*

TROISIÈME DÉCLINAISON.

80. Thèmes en *i* et *u* brefs. Ex. शुचि, *pur*, तनु, *mince*.

SINGULIER.

	Masc. Fém.	Neutre.	Masc. Fém.	Neutre.
Nom.	शुचिस्	शुचि	तनुस्	तनु
Voc.	शुचे	शुचि	तनो	तनु
Acc.	शुचिम्	शुचि	तनुम्	तनु
Gén.	शुचेस्(1)	शुचिनस्	तनोस्(1)	तनुनस्
Abl.	—	—	—	—
Dat.	शुचये	शुचिने (2)	तनवे	तनुने (2)
Loc.	शुचौ	शुचिनि	तनौ	तनुनि
Inst.	शुचिना शुच्या	शुचिना	तनुना तन्वा	तनुना

PLURIEL.

N. V.	शुचयस्	शुचीनि	तनवस्	तनूनि
Acc.	शुचीन् शुचीस् शुचीनि		तनून् तनूस् तनूनि	
Gén.	शुचीनाम्		तनूनाम्	
Ab. Dat.	शुचिभ्यस्		तनुभ्यस्	
Inst.	शुचिभिस्		तनुभिस्	
Loc.	शुचिषु		तनुषु	

DUEL.

N. V. Acc.	शुची शुचिनी		तनू तनुनी	
Gén. Loc.	शुच्योस् शुचिनोस्		तन्वोस् तनुनोस्	
D. Ab. Insr.	शुचिभ्याम्		तनुभ्याम्	

(1) Les noms féminins peuvent aussi aux génitif, ablatif, datif et locatif du singulier suivre la déclinaison féminine : génitif *yâs, wâs* ; locatif, *yâm, wâm* ; datif, *yâi, wâi*.

(2) Les adjectifs neutres peuvent aussi suivre la déclinaison des masculins.

QUATRIÈME DÉCLINAISON.

81. Thèmes en voyelles longues; *â*, *î*, *û*. Ex. (féminins) गता, *partie*, नदी, *fleuve*, वधू, *femme*; (masc.), पपी *lune ou soleil.*

SINGULIER.

Nom.	गता	नदी	वधूस्	पपीस्
Voc.	गते	नदि	वधु	पपीस्
Acc.	गताम्	नदीम्	वधूम्	पपीम्
Gén. Ab.	गतायास्	नद्यास्	वधास्	पप्यस्
Dat.	गतायै	नद्यै	वधे	पप्ये
Inst.	गतया	नद्या	वधा	पप्या
Loc.	गतायाम्	नद्याम्	वधाम्	पपी (1)

PLURIEL.

Nom. V.	गतास्	नद्यस्	वधस्	पप्यस्
Acc.	गतास्	नदीस्	बधूस्	पपीन्
Gén.	गतानाम्	नदीनाम्	वधूनाम्	पप्याम्
Ab. Dat	गताभ्यस्	नदीभ्यस्	वधूभ्यस्	पपीभ्यस्
Instr.	गताभिस्	नदीभिस्	वधूभिस्	पपीभिस्
Loc	गतासु	नदीषु	वधूषु	पपीषु

DUEL.

N. V. A.	गते	नद्यौ	वधौ	पप्यौ
Gén. Loc.	गतयोस्	नद्योस्	वधोस्	पप्योस्
Dat. Ab.	गताभ्याम्	नदीभ्याम्	वधूभ्याम्	पपीभ्याम्

(1) Les noms masc. en *û* font *wi.*

CINQUIÈME DÉCLINAISON.

82. Thèmes en ऋ (ar, l. er, or). Ex. दातृ, dator (1).

	SINGULIER.		PLURIEL.			DUEL.	
	M.	*N.*	*M.*	*N.*		*M.*	*N.*
Nom.	दाता	दातृ	दातारस्	दातृणि	Nom.	दातारौ	दातृणी
Voc.	दातर्	id.	id.	id.	Voc.	id.	id.
Acc.	दातारम्	id.	दातृन्	id.	Acc.	id.	id.
Gén.	दातुर्य (2)	तृणस्	दातृणाम्		Gén.	दात्रोस्	दातृणोस्
Abl.	id.	id.	दातृभ्यस्		Loc.	id.	id.
Dat.	दात्रे	दातृणे	id.		Ab. D. I.	दातृभ्याम्	
Inst.	दात्रा	दातृणा	दातृभिस्				
Loc.	दातरि	दातृणि	दातृषु				

§ 3. *Division des cas.*

83. Les thèmes pleins ou forts de beaucoup de mots ne se conservent qu'à certains cas, appelés pour cela *cas forts*. Ces cas
sont les trois nominatifs et les accusatifs du singulier et du
duel. Originairement c'étaient tous les nominatifs et accusatifs.
Les autres cas de ces mots ont des thèmes raccourcis et sont
appelés *cas faibles*. Parmi ces derniers il faut encore distinguer
ceux dont les suffixes ont pour initiale une consonne (*bhis*,
bhyas, *su*), et ceux qui ont une voyelle (*â*, *ê*, *i*, etc.). Ces derniers ont parfois un thème plus court encore. Dans ce cas les

---

(1) Les noms de parenté ont *ar* aux cas forts. Ex. *Pitá* (père), *pitaram*. V. § 87. — Les noms féminins ont *s* avec allongement de la finale
à l'accusatif du pluriel. Ex. मातृस्, *matres*. — (2) Ou *dâtur*.

premiers s'appellent *cas moyens*, et les seconds *cas faibles* ou *très-faibles*. Ex. प्रत्यञ्च्, (cas moyen) प्रत्यक्, (cas faible) प्रतीच् occidental.

84. Le nominatif-accusatif neutre du duel est souvent considéré comme cas faible.

§ 4. *Anomalies des déclinaisons.*

I. Déclinaisons vocaliques.

85. 2° Déclinaison : *ambâ, allâ* (mère) ont *a* au vocatif. Voyez aussi § 102.

3° Déclinaison (*i, u*) ; *patis*, maître, et *sakhis*, compagnon, ont les irrégularités suivantes :

Sing. *Instrum.* : patyâ, sakhyâ ; *datif* : patye, sakhye ; *gén.* : patyus sakhyus ; *locatif* : patyâu, sakhyâu.

Sakhi a en outre les cas forts en *ây*. *Nom.* singul. sakhâ ; pluriel, sakhâyas ; duel, sakhâyâu. — *Accus.* sing. sakhâyam.

Açi, asthi, dadhi, çakthi ont deux thèmes que l'on verra plus loin.

4° Déclinaison (*î, û*). (A). *Polysyllabes.* — Singulier.

86. Les féminins en *î* n'ont pas le *s* au nominatif, excepté *Laxmî, tantrî*, corde, et *tarî*, vaisseau. — Les masculins et quelques féminins ont le vocatif semblable au nominatif. — Les adjectifs en *î, û* ont quelquefois l'accusatif en *am*, le génitif en *us*, le locatif en *âu* : *çushkî*, desséchant fait *çushkyam, çushkyus, çushkyâu*.

87. Les monosyllabes en *î, û* suivent la déclinaison consonnantique. Ils ont au vocatif singulier *îs, ûs* comme au nominatif. Devant les voyelles des suffixes, *î* et *û* se changent en *iy, uv* (cfr. § 53). Ex. *bhî* fait *bhiyas, bhiyam* ; *bhû* fait *bhuvas, bhuvam*. Cependant ceux qui ne dérivent pas directement d'une racine verbale peuvent prendre aussi les formes propres au fémi-

nin, au génitif, à l'ablatif, au datif et au locatif du singulier et au génitif du pluriel (1).

Ainsi se déclinent *bhî* (crainte), *bhû* (terre).

	SINGULIER.	PLURIEL.		DUEL.
Nom. Voc.	भीस्	भियस्	N. V. Ac.	भियौ
Acc.	भियम्	id.		
Gén.	भियस् (भियास्)	भियाम् (भीनाम्)	Gén. Loc.	भियोस्
Abl.	id.	भीभ्यम्	D. Ab. I.	भीभ्याम्
Dat.	भिये (भियै)	id.		
Instr.	भिया	भीभिस्		
Loc.	भियि (भियाम्)	भीषु		

5° Déclinaison (*r*). *Swasr* (sœur) et *naptr* (neveu) vriddhifient *r* aux cas forts comme les noms d'agent. *Swasâram, swasâras; naptârâu.*

Krôshtr (chacal) fait *krôshtu* devant les consonnes. Ex. *krôshtubhis, krôshtushu.*

II. Thèmes en semi-voyelles ou en diphthongues.

88. Les mots en *âi* perdent l'*i* devant les consonnes. Ex. रै *râi* (bien).

SING. *Nom.* रास्. PLUR. *Inst.* राभिस्. *Loc.* रासु.

Aux autres cas *âi* devient *ây* selon la règle : राया, I. sg.; रायि loc., etc. Ceux en *ô* prennent *âu* aux cas forts et contractent les formes du génitif et de l'accusatif du singulier et de l'accusatif du pluriel en *ô* ou *â* (*gâm, gôs, gâs*). Ex. गो (vache).

	SINGULIER.	PLURIEL.	DUEL.	
N. Voc.	गोस्	गावस्	N. Voc. Ac.	गावौ
Acc.	गाम्	गास्		
Gén.	गोस्	गवाम्	Gén. Loc.	गवोस्
Abl	id.	गोभ्यस्		
Dat.	गवे	id.	Ab. D. In.	गोभ्याम्
Inst.	गवा	गोभिस्		
Loc.	गवि	गोषु		

(1) *Stri* (femme) provenant de *sôtri* (dissyllabique) peut faire à l'accusatif du singulier *striyam* ou *strîm*; au pluriel *striyas* ou *stris*.

III. Déclinaison des thèmes consonnantiques.

N. Les règles du sandhi exposées aux §§ 49-68 sont observées. — Les intercalations indiquées aux §§ 45-46 sont admises au locatif pluriel.

89. Les noms masculins et féminins en *as* allongent l'*a* au nominatif singulier quand *as* n'appartient pas à la racine. सुमनस् (*su, man*), bienveillant; सुमनास् *sumanâs*.

Mais *sarvagras* (de *gras*), dévorant tout, fait *sarvagrâs*. *Uçanas* (Venus) et *anehas* (temps) perdent le *s*. — *Uçanâ, anehâ*.

Les monosyllabes en *ir, ur, is, us* allongent aussi la voyelle au nominatif singulier et devant les consonnes. Ex. *gir* (voix), *gîr, gîrbhis*.

Il en est de même des désidératifs en *ish* et des mots polysyllabiques en *is, us*, lorsque la voyelle appartient à la racine. Ex. *sutus* (R. *tu*), *sutûs, sutûrbhis*.

Les mots en *m* changent *m* en *n* aux mêmes cas. Ex. *praçâm* (paisible); *praçân, praçânbhis*.

Un *n* final reste. *Sugan* (comptant bien), *suganbhis*.

90. *a*) Les noms neutres monothématiques prennent une nasale ou un anusvâra au nom.-acc. du pluriel (voy. § 77, 5°) (1).

Ex. हृद् *hrd*, cœur, हृन्दि *hrndi*.

Sont exceptés : 1° ceux qui sont terminés par une semi-voyelle ou une nasale. Ex. *kamal*. N. n. pl. *kamâli*. 2° Les désidératifs et fréquentatifs formés du thème pur (v. 207, 24). Ex. *pipavish*. N. pl. n. *pipavishi*.

b) Les noms neutres en अस् *as*, इस् *is*, ou उस् prennent l'anusvâra et allongent la voyelle de la finale.

Ex. श्रिरस् *çiras* (tête), श्रिरांसि *çirânsi*; ज्योतिस् *jyôtis* (éclat), ज्योतींषि *jyôtinshi*.

---

(1) L'anusvâra est facultatif : 1° dans les participes présents de la voix active de la 3e classe (racine redoublée). Ex. *dadat*. Plur. n. nom. *dadanti* ou *dadati*; 2° dans les thèmes finissant par deux consonnes.

Les finales *s*, *r* suivent les règles du sandhi devant les consonnes des suffixes. Ex. मनस् (esprit), fait मनोभिस् (Instr. plur.) मनःसु (loc. pl.); — ज्योतिस् (éclat) fait au loc. du plur. ज्योतिःषु; à l'inst. du sing. ज्योतिषा, etc.

91. La première déclinaison contient un grand nombre de mots à deux ou trois thèmes constituant des cas forts, moyens et faibles. Les uns ont ces doubles ou triples thèmes en raison du suffixe thématique ; les autres, en vertu de leur constitution propre.

92. *Mots à radicaux dithématiques.* Il y en a de deux classes :
1° suffixe *ant* (1).

Les radicaux formés du suffixe अत् prennent अत् aux cas faibles. Le nominatif singulier masculin est en *an* (ou en *ân* dans les suffixes *mant* et *vant*). Le neutre a अत् (au duel अती ou अती).

Voy. ci-contre la déclinaison de भरत्.

93. 2° Suffixe *îyâns* (des comparatifs); — thèmes *îyâns* et *îyas*.

SING. Nom. masc. *îyân*, acc. *îyânsam*, instrum. *îyasâ*.

94. *Mots à radicaux trithématiques.* Ces mots sont de trois classes : les composés en *añc*, les radicaux en *an* et les participes du parfait actif en *vâns*.

1° *Composés en añc* indiquant une direction. Le thème moyen est *ac*. Le thème faible se forme, daus la plupart de ces mots, par la contraction de *a* avec la semi-voyelle *y* ou *v* précédente : यच् donne ईच्; वच्, ऊच् et अवच्,अोच्; (गवच्, गोच्).

Ex. न्यच्, *en bas*, fait न्यच् et नीच्; विश्वच्, *qui va partout*, fait विश्वच् et विसूच्.

_____

(1) Comp. lat. *ans, antis* (ant). — G. οντ (ωυ, οντος)

Prânc (en avant) et *avánc* (postérieur) n'ont que deux thèmes : *prânc prác*, etc. Mais *udánc* (septentrional) fait *udac* et *udíc* ; *tyriânc* (qui va de travers) fait *tiryac* (thème moyen) et *tiraçc* (th. faible).

Tous ces adjectifs viennent des prépositions-préfixes *ni, pra, ava, ut, tiras*, et du déterminatif *viçva* combinés avec la racine *anc* indiquant mouvement.

2° *Participe parfait.* Thèmes : वांस्, वत्, उष्. Le nominatif du masculin singulier est en *án*. Ex. निनीवान्, निनीवांसम्, निनीवत्सु, निन्युषा.

3° *Radicaux en an.* Thèmes : *ân, a, n.* Ex. राजन्, roi, राजानम्, राजसु, राज्ञा.

Le nominatif est en *â* au masculin, en *a* au neutre.

95. Dans toutes ces catégories de noms le féminin se forme du thème le plus faible, en y ajoutant la caractéristique ई. La première cependant prend souvent le thème अत् *ant*. Comparez le § 189. Participes. Exemples : भरन्ती, वृहती; गरीयसी; नीची; जगडुषी; राज्ञी.

Les mots en *an* pourraient aussi rentrer dans la première classe.

Voici les paradigmes de ces différentes classes. 1° *Bharant* (portant), 2° *gariyans* (plus pesant), 3° *nyañc* (bas), 4° *jagadvans* (part. du parfait de *gad*, parler), 5° *râjân* (roi) et *nâman* (nom).

SINGULIER.

Nom.	भरन्	राजा	गरीयान्	न्यङ्	जगद्वान्
Voc.	—	राजन्	गरीयन्	—	जगद्वन्
Acc.	भरतम्	राजानम्	गरीयांसम्	न्यञ्चम्	जगद्वांसम्
Instr.	भरता	राज्ञा	गरीयसा	नीचा	जगडुषा
Dat.	भरते	राज्ञे	गरीयसे	नीचे	जगडुषे
Ab. G.	भरतस्	राज्ञस्	गरीयसस्	नीचस्	जगडुषस्
Loc.	भरति	राज्ञि	गरीयसि	नीचि	जगडुषि

PLURIEL.

N. Voc.	भरतस्	राजानस्	गरीयांसस्	न्यञ्चस्	जगद्रांसस्
Acc.	भरतस्	राज्ञस्	गरीयसस्	नीचस्	जगदुषस्
Instr.	भरद्भिस्	राजभिस्	गरीयोभिस्	न्यग्भिस्	जगद्भिस्
Gén.	भरताम्	राज्ञाम्	गरीयसाम्	नीचाम्	जगदुषाम्
D. Abl.	भरद्भ्यस्	राजभ्यस्	गरीयोभ्यस्	न्यग्भ्यस्	जगद्भ्यस्
Loc.	भरत्सु	राजसु	गरीयःसु	न्यक्षु	जगद्त्सु

DUEL.

N. V. Ac.	भरतौ	राजानौ	गरीयांसौ	न्यञ्चौ	जगद्रांसौ
Gén. Loc.	भरतोस्	राज्ञोस्	गरीयसोस्	नीचोस्	जगदुषोस्
I. D. Ab.	भरद्भ्याम्	राजभ्याम्	गरीयोभ्याम्	न्यग्भ्याम्	जगद्भ्याम्

NEUTRE. Nom. Voc. Acc.

Sing.	भरत्	नाम	गरीयस्	न्यक्	जगद्त्
Plur.	भरन्ति	नामानि	गरीयांसि	न्यञ्चि	जगद्रांसि
Duël.	भरती (1)	नामनी (2)	गरीयसी	नीची	जगदुषी

N. Dans les mots en *an* le *a* du radical peut rester au locatif du singulier. Ex. *râjani* ou *râjni*. Les suffixes *man* et *van* précédés d'une consonne ne perdent point l'*a*. Ex. : *varman. varmanas, varmaná*, etc. (armure).

(1) Ou भरती.
(2) Ou नाम्नी.

96. Mots à radicaux multiples.

RADICAL.	CAS FORTS.	CAS MOYENS.	CAS FAIBLES.	NOMINATIF.
asrj *(sang)*	asrj	asa	asn	asrk
yakrt *(foie)*	yakrt	yaka	yakn	yakrt
çakrt *(fœces)*	çakrt	çaka	çakn	çakrt
yuvan *(jeune)*	yuvân	yuva	yùn	yuvâ
çvan *(chien)*	çvân	çva	çùn	çvâ
Maghavan *(Indra)*	Maghavân	Maghava	Maghôn	Maghavâ
divan *(jour)*	divân	diva	dîvn	divâ
arvan *(cheval)*	arvânt (1)	arvat	arvat	arvâ
(çata)han*(qui tue cent)*	(çata)han	— ha	— ghn	— hâ (3)
prâcch *(demandeur)*	prâch	prât	prâch	prât
avayâj *(adorateur)*	avayâj	avayas	avayâj	avayâs
puns *(homme)*	pumâns	pum (pun)	puns	pumân
div *(jour)*	div	dyu	div	dyâus
path *(chemin)*	panthân	pathi	path	panthâs (3)
bhâravâh*(porte fardeau)*	bhâravâh	bhâravât	bhârâuh	bhâravât (4)
anaduh *(bœuf)*	anadvâh	anadut	anaduh	anadvân
ahas *(jour)*	ahas	ahas	ahn (ahan)ˡ	ahar
ap *(eau)*	âp	ap, ad (5)	ap	

Jaras (vieillesse) emprunte le nominatif et le vocatif du singulier ainsi que les cas moyens à *jarâ*.

97. *Pushan* et *aryaman* (le soleil) conservent *an* contrairement à § 94, 3°, — *Mahat* (grand) fait au contraire *Mahânt* aux cas forts; *axi* (œil), *asthi* (os), *dadhi* (lait caillé], *çakthi* (cuisse) prennent *an* (*n*) aux cas faibles. Ex. *axnâ, asthnâ,* etc.

(1) En composition il suit la déclinaison de *râjan*.
(2) Ainsi se fléchissent tous les composés de la racine *han* (tuer).
(3) *Math* (barattoir) et *rbhux* (Indra) ont les mêmes thèmes: *rbhuxân, rbhuxi,* etc.
(4) Ainsi font les composés en *vâh. Çvêtavâh* fait *vâs* au nom. sing.
(5) *ad* devant *b*. I. *adbhis*. D. A. *adbhyas*.

98. *Aghavat* (pécheur), *bhagavat* (vénérable), *bhavat* (excellent) font au vocatif *ôs* (p. avat) : *aghôs, bhagós, bhôs.*

99. *Upânah* (soulier), *Turásáh* (Indra) prennent un thème en *t* aux cas moyens ; *ushṇih*, un thème en *k*. Ex. *Upânadbhis, upânatsu, ushṇigbhis.*

100. Les mots en *in* ont au nom. sing. *î*, aux cas moyens *i*. Au nom., voc., acc. pluriel neutre : *îni*. Ex. *dhanin*, riche, fait *dhanî, dhanibhis, dhanîni.* — Au vocatif neutre du singulier ils ont *i* ou *in*.

101. Aux cas moyens les *désidératifs* reprennent la consonne du mot simple. Ex. *vivix* (de *viç*) fait *vivitsu* (*t* pour *ç*).

Les racines suivantes terminées en *ç* ont le thème *k* dans la flexion : *diç,* montrer ; *dṛç,* voir ; *mṛç,* caresser ; *spṛç,* toucher ; *dhṛsh,* oser. *Naç,* périr, prend *k* ou *t*.

Composés à finales monosyllabiques.

102. 1º *Composés en* पा. पा reste à tous les cas forts et moyens. Ex. विश्वपास्, विश्वपाम्, विश्वपाभिस्; et l'आ se pèrd aux cas faibles. Ex. Instr. sing. विश्वपा, locatif विश्वपि, etc.

Vocatif विश्वपास्.

Le neutre पम् suit la deuxième déclinaison.

103. 2º *Composés en* ई, ऊ. *a)* Ces mots suivent la déclinaison des thèmes consonnantiques, si le monosyllabe final dérive d'un verbe. Le nom. sing. et les cas moyens ont ई : पीस्, पीभिस्. (Nom. s. et instr. pl. de पी).

Les autres cas, forts et faibles, prennent *y* si la finale n'a qu'une consonne, et *iy* si elle en a deux. Ex. *pî, krî, pû, drû.*

Nom. Voc. Sing.	पीस्	क्रीस्	पूस्	द्रूस्
Accus. "	प्यम्	क्रियम्	प्वम्	द्रुवम्
Instr. "	प्या	क्रिया	प्वा	द्रुवा
Id. Pluriel.	पीभिस्	क्रीभिस्	पूभिस्	द्रूभिस्

b) Si le monosyllabe est un substantif féminin (Ex. धीस्, intelligence), alors les adjectifs se déclinent au masculin comme पयी, excepté au locatif singulier qui a यि et à l'accusatif pluriel qui a यस्. Le féminin se décline comme le masculin ou prend les formes du féminin aux cas indiqués au § 86 (भीस्) (1).

CHAPITRE IV.

ADJECTIFS.

§ 1.

104. Les adjectifs suivent les déclinaisons nominales auxquelles leurs thèmes appartiennent. Ainsi श्रिव suivra la deuxième déclinaison, et शुचि la troisième.

105. *Du féminin.* Les adjectifs terminés par श्र, इ, उ allongent la voyelle au féminin. Ceux en श्र prennent quelquefois ई; ceux en उ; वी. Quelquefois le féminin reste इ, उ.

Les adjectifs composés, terminés par un monosyllabe, par une diphthongue ou un radical en श्रन्, श्रस्, इस्, उस् ont, en général, la même forme aux deux genres. Les adjectifs en इन् ont इनी.

Quelques masculins en वन् ont वरी au féminin.

106. *Du neutre.* Le neutre des adjectifs en श्र, इ, उ et ऋ suit les paradigmes des déclinaisons correspondantes; il fait श्रम्, इ, उ ou ऋ, et rentre ainsi dans la deuxième, la troisième ou la cinquième déclinaison. Celui des adjectifs en ई et ऊ fait इ, उ, et se décline comme les neutres de la troisième déclinaison.

---

(1) Les composés terminés par un dissyllabe féminin se déclinent, même au masculin, comme *nadî* et *vadhù.* Cependant à l'accusatif pluriel les masculins prennent un *n* et font *în, ûn* et non *îs, ûs.*

Celui des adjectifs en ए, ओ, औ prend la voyelle brève (इ, उ) de la diphthongue et suit les mêmes formes. Les adjectifs neutres en इ, उ peuvent prendre les formes du masculin aux cas obliques.,Les adjectifs en इन् font इ au neutre.

Pour les autres voy. § 95.

107. Voici quelques exemples de ces diverses formes :

	M.	F.	N.
çiva *(heureux)*	çivas	çivâ	çivam
sundara *(beau)*	sundaras	sundarî	sundaram
çuci *(pur)*	çucis	çucis	çuci
paɤgu *(estropié)*	paɤgus	paɤgû	paɤgu
laghu *(léger)*	laghus	laghû, laghvî	laghu
datr *(donateur)*	dâtâ	dâtrî	dâtr
dhîvan *(sage)*	dhivâ	dhivarî	dhiva
yuvan *(jeune)*	yuvâ	yûnî (yuvatî)	yuva
garîyas *(plus pesant)*	garîyân	garîyasî	garîyas
sarvapû *(purifiant tout)*	sarvapûs	sarvapûs	sarvapu
sugô *(bien en bœufs)*	sugâus	sugâus	sugu ,etc.

§ 2. *Comparatif et superlatif.*

108. Les degrés de comparaison s'expriment au moyen de deux genres de formes : la première est तर् pour le comparatif, तम pour le superlatif (1) ; la seconde est ईयांस् pour le comparatif, इष्ठ pour le superlatif.

La première est la forme la plus fréquemment employée, elle s'ajoute ordinairement au thème moyen du masculin (2). Exemp.

---

(1) Quelques mots invariables prennent aussi ces degrés. Ex. *ut* fait *uttara, uttama* (cp. ulterior, ultimus).

(2) Dans les féminins en *i, û*, la voyelle finale devient parfois brève. Ex. *brahmabandhû, brahmabandhutarâ.*

बल्लवत्, fort, बल्लवत्तर, बल्लवत्तम ; धनिन् riche, धनितर धनितम.

109. Les suffixes ईयांस्, इष्ठ s'ajoutent le plus souvent à des radicaux différents de ceux du positif ou dont le positif est inusité. Ces formes sont employées surtout dans les adjectifs indiquant une action.

(नद्) proche	नेदीयांस्	नेदिष्ठ
(कन) petit	कनीयांस्	कनिष्ठ
उरु large	वरीयांस्	वरिष्ठ
दूर lointain	द्वीयांस्	द्विष्ठ
(श्रि) bon, beau	श्रेयांस्	श्रेष्ठ
बहु nombreux	भूयांस्	भूयिष्ठ

110. Les comparatifs en *iyâns* et les superlatifs en *ishtha* sont quelquefois renforcés par les suffixes *tara, tama* : पापिष्ठतर, plus méchant que le très-méchant.

Devant *iyâns* et *ishtha* les suffixes *tr, mant, vant, in, vin*, et les voyelles formant les radicaux des polysyllabes, disparaissent. Ex. नेत् ज्रयीयस्; वसुमत् वसिष्ठ.

CHAPITRE V.

DES DÉTERMINATIFS,

§ 1. *Des démonstratifs.*

111. Les radicaux qui servent aux démonstratifs sanscrits sont *a, i, sa, ta, na*, racines simples, et *tya, ima, ami, amu, sma*, racines composées (peut-être aussi *da, ma*)); ces racines simples ou combinées donnent naissance à divers pronoms ou adjectifs démonstratifs. La forme *sma* (1) entre dans la composition du

(1) *Sma* est un démonstratif qui s'emploie encore comme explétif ou adverbe d'affirmation.

suffixe du datif, de l'ablatif et du locatif de plusieurs pronoms masculins et neutres; au féminin on trouve *sî* pour *smî*. Le suffixe *am* sert à former la plupart des nominatifs.

Le neutre est semblable au masculin excepté aux cas directs.

112. 1° Racine *ta*. Elle prend au nominatif singulier, masculin et féminin, la forme *sa, sâ*.

2° Racines *a, i, ma* combinées; suffixes *am* et *sma*; pronom : *ayam, iyam, idam*, celui-ci, celle-ci (cf. *ea, is, id, idem*).

3° Radicaux *ami, amu*; nominatif *asâu, adas* (celui-là, celle-là).

4° Radicaux *tya, êsha*. Ils donnent les démonstratifs *syas, syâ, tyad*; et *êshas, êshâ, êtad* qui suivent *sas*.

5° Radical *êna*; accusatif *ênam, ênâm, ênad*. Il n'est usité qu'aux trois accusatifs, au génitif, au locatif du duel et à l'instrum. du singulier.

113. DÉCLINAISON DES DÉMONSTRATIFS.

I. Radical *ta*. Pronom *sas, sâ, tad*.

	SINGULIER.		PLURIEL.		DUEL.	
	Masc.	*Fém.*	*Masc.*	*Fém.*	*Masc.*	*Fém.*
Nom.	सस्	सा	ते	तास्	तौ	ते
Acc.	तम्	ताम्	तान्	—	—	—
Instr.	तेन	तया	तैस्	ताभिस्	ताभ्याम्	
Dat.	तस्मै	तस्यै	तेभ्यस्	ताभ्यस्	—	
Abl.	तस्मात्	तस्यास्	—	—	—	
Gén.	तस्य	—	तेषाम्	तासाम्	तयोस्	
Loc.	तस्मिन्	तस्याम्	तेषु	तासु	—	

NEUTRE. N. V. A. तद्   तानि   ते

4

114. II. Radicaux *a, i, ima.* Pronom. *ayam, iyam, idam.*

	SINGULIER.		PLURIEL.		DUEL.	
	Masc.	Fém.	Masc.	Fém.	Masc.	Fém.
Nom.	अयम्	इयम्	इमे	इमास्	इमौ	इमे
Acc.	इमम्	इमाम्	इमान्	—	—	—
Inst.	अनेन	अनया	एभिस्	आभिस्	आभ्याम्	
Dat.	अस्मै	अस्यै	एभ्यस्	आभ्यस्	—	
Abl.	अस्मात्	अस्यास्	—	—	—	
Gén.	अस्य	—	एषाम्	आसाम्	अनयोस्	
Loc.	अस्मिन्	अस्याम्	एषु	आसु	—	

NEUTRE. N. V. Acc. इदम्   इमानि   इमे

III. Radicaux *ami, amu.*

Pronom. *asâu, asâu, adas.*

	SINGULIER.		PLURIEL.	
	Masc.	Fém.	Masc.	Fém.
Nom.	asâu (1)	asâu	amî (2)	amûs
Acc.	amum (1)	amûm	amùn (2)	amûs
Gén.	amushya	amushyâs	amîshâm	amûshâm
Abl.	amushmât	amushyâs	amîbhyas	amûbhyas
Datif	amushmâi	amushyâi	—	—
Instr.	amunâ	amuyâ	amîbhis	amûbhis
Loc.	amushmin	amushyâm	amîshu	amûshu

DUEL. — *Masc. Fém. Neutre.*

Nom. Acc. amù; Gén. Loc. amuyôs; Dat. Abl. Instr. amûbhyâm.

(1) Neutre, *adas.*
(2) Neutre. *amùni.*

§ 2. *Des relatifs, interrogatifs, etc.*

115. 1° Les pronoms relatifs, interrogatifs et indéfinis suivent en général la déclinaison de *sas, sâ, tad*. Le nominatif-accusatif neutre du singulier diffère seulement dans quelques-uns qui ont *am* au lieu de *ad*. L'interrogatif forme le même cas d'un radical spécial *ki*; il a *kim* au lieu de *kad*.

Le pronom relatif est यस्, या, यद्. L'interrogatif est कस्, का, किम्.

116. Ont *ad* au neutre (nom. ac. sing.) : *anya*, autre; *anyatara*, l'un ou l'autre, de deux; *êkatama*, un d'entre plusieurs; *itara*, autre; *tatara*, celui des deux; *katara, yatara*, qui, lequel des deux; *tatama*, celui de plusieurs; *katama, yatama*, qui, lequel de plusieurs.

Ont *am* : *êka*(1), un ; *êkatara*, un de deux; *ubhaya*, tous deux; *sarva, viçwa, sama*, tout; *nêma* (2), demi; *anyônya, itaretara*, l'un l'autre.

Ils se déclinent comme *sa* à part le nominatif neutre du singulier qui est en *am* ou *im*. Ils ont un voc. formé comme celui des noms en *a*. Ex. सम. Sing. Nom. समस, समा, समम्. Voc. सम, समे, समम्. Tout le reste comme *sa* en substituant *sam, any, viçw*, etc. à *s. t.*

117. 2° Les pronoms de quantité sont *a)* तियत्, कियत् (tantus, quantus); thème *ant* : कियान्, कियती, कियत्. Ac. कियत्तम्, कियतस्, etc.

b) तावत्, यावत् (id.); thème *ant* : तावान्, तावत्तम्, तावतस्.

Ceux de nombre sont : तति, यति, कति (tot, quot) employés au pluriel seul.

Indéclinables au nom. et à l'accusatif; déclinés aux autres cas comme les noms en *i*. Ex. Gén. कतीनाम्; loc. कतिषु.

(1) *êkas* au pluriel signifie *quelques-uns*.

(2) *Nêma* peut faire au nom. pluriel *nêmás*. — *Tva*, maint, a les deux formes *tvam, tvat*.

118. 3° Les pronoms de *comparaison* sont formés des suffixes : दृश्, दृम Ex. तादृश् ou तादृम; कीदृम्; यादृम (talis, qualis) Sing. Nom. तादृक्; Acc. तादृमम्; Dat. Plur. तादृग्भ्यस्, etc.

119. 4° *Possessifs*. La possession s'exprime 1° par le génitif du pronom personnel : मम पिता, mon père (pater mei); 2° par le pronom खस् (खा, खम्), qui sert aux trois personnes; 3° par le moyen des suffixes क et ईय ajoutés au radical du pronom, lequel dans le dernier cas est मत्, त्वत्, अस्मत्, युष्मत्, Ex. मामक, मदीय, *mien*, तावक, *tien*.

120. 5° Quelques adjectifs pronominaux peuvent suivre les flexions nominales à l'*ablatif* et au *locatif sing.* du *masc.* et du *neutre* et au *pluriel* du *masculin*. Ce sont : *antara*, autre; *para*, *apara*, autre, qui est au-delà; *adhara*, inférieur; *avara*, postérieur; *uttara*, supérieur; *daxina*, de droite; *pûrva*, antérieur; *swa*, sien. Quelques autres peuvent former le nominatif pluriel du masculin en *ê* ou *âs* : *alpa*, peu; *ardha*, demi; *katipaya*, quelque; *prathama*, premier; *carama*, dernier; *dwitaya*, couple, et autres numéraux formés de *taya*.

Dwitîya, second, et *trtîya*, troisième, peuvent suivre la déclinaison de *sarva*, au singulier.

121.   § 3. *Noms de nombre.*

I. Nombres cardinaux. Les thèmes de ces mots sont :

1. एक	10. दशन्	19. नवदशन्	90. नवति
2. द्व	11. एकादशन्	20. विंशति	100. शत
3. त्रि	12. द्वादशन्	30. त्रिंशत्	1000. सहस्र
4. चतुर्	13. त्रयोदशन्	40. चत्वारिंशत्	10,000. अयुत
5. पञ्चन्	14. चतुर्दशन्	50. पञ्चाशत्	100,000. लक्ष
6. षष्	15. पञ्चदशन्	60. षष्टि	un million. नियुत
7. सप्तन्	16. षोडशन्	70. सप्तति	dix millions. कोटि
8. अष्टन्	17. सप्तदशन्	80. अशीति	cent millions. अर्बुद
9. नवन्	18. अष्टादशन्		un milliard. अब्ज (1)

(1) Ou *mahârbuda*.

122. एक se décline comme les pronoms (1) ; द्व comme le duel de शिव. त्रि, au masculin et au neutre (त्रयस्, त्रीणि), se décline comme कवि,वारि, excepté au génitif pluriel qui est त्रयाणाम्. चतुर् a pour thème fort masculin et neutre,चत्वार्.Ex. चत्वारस्, चत्वारि; aux cas faibles il a चतुर्. — त्रि et चतुर् ont au féminin une forme en सृ qui fait स्र devant les voyelles : तिस्रस्, तिसृभिस्, चतस्रस्, चतसृभिस्.

षष् prend le thème षट्. — Les nombres en अन् font अ. अष्ट a aussi le radical अष्टा et fait alors au nominatif-accus. अष्टौ.

Les autres nombres se déclinent selon leurs radicaux. Pris comme substantifs, pour désigner une vingtaine, une trentaine, etc., ils ont pluriel et duel. Les formes en ति sont du féminin.

Les centaines, milliers, millions, etc. peuvent ou se décliner ou former des composés invariables. Ex. *trisahasra, trîni sahasrâni.*

123. Avec vingt et les dizaines suivantes les unités conservent les formes qu'elles ont unies à dix, mais on observe les règles d'euphonie. Ex. *catu:pancâçat,* 54; *shanna vati,* 96.

Après cent, les nombres de 11 à 59 changent leur finale (*an, ati, at*) en *a.* Ex.*ekâdaçam çatam,* 111, *vinçamçatam,* 120. Ce nombre s'accorde avec le plus élevé (cent, mille, etc.). Tous les nombres composés de 9 peuvent s'exprimer au moyen de la dizaine suivante dont on retranche une unité. Ce retranchement s'exprime par *una* (diminué) seul ou combiné avec *êka,* ou par *na* (négation) combiné avec l'ablatif de *êka.Dix-neuf* se dira donc : *unavinçati, êkônavinçati* ou *êkânnavinçati.*

Ekôna peut aussi former un mot séparé. Ex. *êkônam vinçati. Moins* se dit *una* et *plus, adhika.* Ex. *pancônaçatam,* cent moins cinq; *pancâdhikaçatam,* cent plus cinq; ou en séparant les mots : *pancônam çatam,* etc.

124. Lorsque les noms de nombre terminent un composé possessif ou de dépendance, ils se déclinent régulièrement.

_____

(1) *Eka* n'a pas de duel et le pluriel *êkê* signifie *quelques-uns.*

Deux et *trois* sont alors *dvis, tris.* — *Catvâr* a les trois thèmes *vâr,*
var, ur. — Les nombres en *an* suivent la flexion de *râjan,* etc.

125. II. *Nombres ordinaux.* Les suffixes sont : *tha, ma, tiya.*

प्रथम, premier.   षष्ट, sixième.   एकादश, onzième

द्वितीय, deuxième.   सप्तम, septième.   द्वादश, douzième.

तृतीय, troisième.   अष्टम, huitième.   त्रयोदश, treizième,

चतुर्थ (तुर्य), quatrième. नवम, neuvième.   etc.

पञ्चम, cinquième.   दशम, dixième.

De 20 à 50 on dit *vinçatitama, trinçattama,* etc. en ajoutant le suffixe *tama;* ou *vinça, trinça,* etc. en supprimant les suffixes *ti, t.*

Shashti et suivants prennent *tama* ou changent *ti* en *ta. Shashtitama*
ou *shashta.*

Prathama, dvitiya, trtiya et *turya,* ont le féminin en *â;* les autres
l'ont en *î.*

126. Pour indiquer le nombre de fois, on dit *sakrt* (une fois), *dvis,*
tris, catus, pançakrtvas, et ainsi des suivants en ajoutant *krtvas* au radical. Les suffixes *dhâ, ças* indiquent le nombre de manières, de parties,
de côtés; Ex. *dvidhâ, tridhâ,* de deux manières, en trois parties ; *sar-*
vaças, de tous côtés.

127. La fraction s'indique par le nombre ordinal au neutre : *catur-*
tham, un quart.

DÉCLINAISON DES NOMBRES CARDINAUX.

Dwa, deux.   *Tri,* trois.   *Pancan,* cinq (1).

	M.	F. N.		Masc.	Neut.	Fém.
N.V.A.	द्वौ	द्वे	N. V.	त्रयस्	त्रीणि	तिस्रस् पञ्च
G. L.	द्वयोस्		Acc.	त्रीन्	—	—
Ab.I.L.	द्वाभ्याम्		Gén.	त्रयाणाम्	तिसृणाम्	पञ्चानाम्
			Ab. D.	त्रिभ्यस्	तिसृभ्यस्	पञ्चभ्यस्
			Inst.	त्रिभिस्	तिसृभिस्	पञ्चभिस्
			Loc.	त्रिषु	तिसृषु	पञ्चसु

(1) *Saptan, navan, daçan* se déclinent comme *pançan.*

Catur, quatre.   *Shash*, six.   *ashtan*, huit.

	Masc.	Fém.		
N. V.	चत्वारस्	चतस्रस्	षट्	ग्रष्ट
Ac.	चतुरस्	—	—	—
Gén.	चतुर्णाम्	चतसृणाम्	षणाम्	ग्रष्टानाम्
Ab. Dat.	चतुर्भ्यस्	चतसृभ्यस्	षड्भ्यस्	ग्रष्टभ्यस्
Inst.	चतुर्भिस्	चतसृभिस्	षड्भिस्	ग्रष्टभिस्
Loc.	चतुर्षु	चतसृषु	षट्सु	ग्रष्टसु

NEUTRE. N. V. A. चत्वारि.

CHAPITRE VI.

PRONOMS PERSONNELS.

128. On trouvera au tableau suivant les formes casuelles des pronoms personnels de la première et de la seconde personne. Pour la troisième on emploie les démonstratifs.

129. Le pronom réfléchi s'exprime par la forme invariable स्वयम् ou par le substantif आत्मन्, esprit, âme; ces deux mots s'emploient pour les trois personnes.—स्वयम् signifie aussi *même* (ipse).

130. Les pronoms personnels out, comme dans les autres langues, des thèmes multiples.

1° personne, sing. *ah, ma,* — plur. *a (sma),nas,* — duel : *áva, nó.*

2°   »   »   *tu,*   » *yu (sma), vas*— » *yuva, va.*

Tous les nominatifs ont le suffixe *am.*

	SINGULIER.		PLURIEL.	
	1° *pers.*	2° *pers.*	1° *pers.*	2° *pers.*
Nom.	अहम्	त्वम्	वयम्	यूयम्
Acc.	माम् (मा)	त्वाम् (त्वा)	अस्मान्	युष्मान्
Gén.	मम	तव	अस्माकम्	युष्माकम्
Dat.	मह्यम्	तुभ्यम्	अस्मभ्यम्	युष्मभ्यम्
Abl.	मत्	त्वत्	अस्मत्	युष्मत्
Instr.	मया	त्वया	अस्माभिस्	युष्माभिस्
Loc.	मयि	त्वयि	अस्मासु	युष्मासु

DUEL.

N. A.	आवाम्	युवाम्	Ac. G. D.	नौ	वाम्
G. Loc.	आवयोस्	युवयोस्			
D.Ab. I.	आवाभ्याम्	युवाभ्याम्			

On emploie aussi les formes मे (1re p.) et ते (2e p.) au génitif et au datif du singulier; et नस् (1re p.), वस् (2e p.) à l'accusatif, au génitif et au datif du pluriel. Ces formes ainsi que *mâ, tvâ* sont enclitiques.

CHAPITRE VII.

DU VERBE.

131. La conjugaison sanscrite a, comme la grammaire grecque, trois personnes, trois nombres (singulier, pluriel, duel) et trois voix (actif, moyen et passif); ou plutôt deux voix (active et passive) et trois formes.

L'actif s'appelle en sanscrit *parasmâipadam*, c'est-à-dire dont l'action passe à un autre objet, s'exerce sur un autre objet; et le moyen, *âtmanêpadam*, dont l'agent exerce son action sur ou pour soi-même, en soi-même. Ces mots correspondent à peu près aux termes français *transitif* et *réfléchi*; mais le moyen sanscrit est souvent un simple intransitif et non un verbe réfléchi.

Certains verbes primitifs et dénominatifs n'ont que cette voix. Ex. *çî*, être étendu, couché. Le passif est compté par les grammairiens hindous non comme voix, mais comme forme dérivée.

Dans les verbes qui ont les deux formes l'*âtmanêpadam* s'emploie :

1° Quand le sujet exerce l'action sur lui-même ; ou la fait exercer sur lui-même, s'il s'agit de causatifs.

2° Si deux ou plusieurs sujets exercent l'action l'un sur l'autre ou alternativement. Ex. *dvishantê*, ils se haïssent mutuellement.

3° Lorsque le sujet agit pour soi-même, pour son propre avantage. Ex. *yajate*, il offre le sacrifice pour lui-même.

4° Quand le sujet ne participe qu'indirectement à l'acte qui se produit en lui. Ex. *mrd* (parasm. réjouir), *mrdê*, se réjouir, être dans la joie.

Quelques verbes changent de sens à l'*âtmanêpadam*. Ex. *paç*, voir, *paçyê*, éprouver, subir.

Parfois les deux formes s'emploient indifféremment.

132. Le verbe sanscrit a en réalité sept modes : l'*indicatif*, l'*impératif*, le *potentiel* ou *optatif*, le *subjonctif*, le *participe*, le *gérondif* et l'*infinitif*. Mais le subjonctif ne se retrouve, pour ainsi dire, plus dans le sanscrit classique, et les trois derniers modes ne sont pas comptés comme tels par les grammairiens hindous ; il en sera traité au chapitre suivant. Ces grammairiens comptent, en outre, le potentiel de l'aoriste comme mode et temps distinct, et l'appellent précatif (*âçishi lin*).

133. Les temps que compte la grammaire sanscrite sont au nombre de six. Ce sont : le présent, l'imparfait, le futur, le futur antérieur ou conditionnel, le parfait et l'aoriste.

5

Voici le tableau des temps et des modes :

INDICATIF.	IMPÉRATIF.	POTENTIEL.	SUBJONCTIF.
Présent.	Présent.	Présent.	Présent.
Imparfait.	—	—	Imparfait.
Futur.	—	—	—
Futur antérieur. (Conditionnel).	—	—	—
Parfait.	—	—	—
Aoriste.	—	Aoriste. (Précatif).	—

Ces temps et ces modes ont, en sanscrit la même valeur que dans les autres langues aryaques.— Cependant le présent, uni à la particule *sma*, prend parfois la signification du passé et l'imparfait après la particule prohibitive मा (*mâ, ne*) peut remplacer l'impératif ; on supprime alors l'augment.

134. Les verbes sanscrits se divisent en dix classes qui se distinguent par le mode de formation du radical. Ce radical peut se composer de la racine simple ou redoublée, ou de la racine et d'un suffixe. La racine peut, en outre, être affectée du guna, ou renforcée d'une nasale.

Les suffixes employés pour la formation des radicaux sont : अ, य, अय, नो (नु), ओ (उ) et ना (नी).

De ces diverses combinaisons il résulte dix espèces de radicaux que les grammaires sanscrites rangent dans l'ordre suivant ; (la seconde colonne donne les formes grecques et latines correspondantes) :

1. Racine gounée et suffixe *a.*   *bhôjâmi* (bhuj).   φεύγω

2. Racine simple gounée.   *êmi* (i).   εἶμι

3. Racine redoublée (*guna*).   *dadâmi* (dâ).   δίδωμι

4. Racine et suffixe *ya*.   nah*yâ*mi (nah)   τέλλω (τέλ*j*ω)

5. Racine et suffixe *nó (nu)*.   âp*nó*mi (âp).   δείκνυμι

6. Racine pure, suffixe *a*.   xip*á*mi (xip).   λύω

7. Racine renforcée d'une nasale (n*a*,n). rinacmi (ric). fundere (λανθάνω)

8. Racine et suffixe *ó (u)*.   kar*ó*mi (kr)

9. Racine et suffixe *ná (ni)*.   aç*ná*mi (aç)   δάμνημι

10. Racine gounée et suffixe *aya*.   cô*ra*y*á*mi (cur)   moneo τιμάω

135. Ces différentes formes peuvent se diviser en radicaux en *a* et en radicaux terminés par une autre lettre que *a*. Ces deux catégories forment ce que l'on appelle les deux conjugaisons sanscrites : la conjugaison nouvelle ou conjugaison des radicaux en *a* et la conjugaison ancienne qui renferme tous les autres radicaux. Les dix classes peuvent donc se répartir méthodiquement de la manière suivante :

I. Conjugaison en आ (ω).

    1° Racine et suffixe आ, 6° classe . . . . . . तिपामि॰

    2° Racine gounée, suffixe आ, 1re classe : . . . भोहामि.

    3° Racine, suffixe य, 4° classe. . . . . . . नह्यामि.

    4° Racine gounée, suffixe आय, 10° classe . . . चोरयामि

II. Conjugaison (μι).

    1° Racine gounée simple, 2° classe . . . . . एमि.

    2° Racine redoublée gounée, 3° classe . , . . बिभेमि.

    3° Racine nasalisée, 7° classe . . . . रिनचिम.

    4° Racine, suffixe नो, ग्रो, 5°, 8° classe. . ग्राप्रोमि, करोमि.

    5° Racine, suffixe ना, (नी), 9° classe . . . . अप्रामि.

136. Ces différences de forme n'atteignent que le présent et l'imparfait qui, pour cela, sont appelés temps spéciaux ; tous les autres temps sont dits généraux (futur, parfait, aoriste); ces derniers rejettent le redoublement et les suffixes. Une même racine peut appartenir à plusieurs classes.

Ex. : $p\bar{r}$ fait *piparmi* (3e),*prnâmi* (9e).

§ I. *Conjugaison des temps spéciaux.*

I. Formes personnelles.

137. Les formes personnelles des divers temps et modes spéciaux se divisent en formes pleines ou primaires et formes abrégées ou secondaires; celles-ci se distinguent par la suppression de la finale *i* ou *s* et par les suffixes *am, âm* au duel. Comparez *mi, si, ti, mas, vas* et *m, s, t, ma, va*. Les lettres caractéristiques des trois personnes sont : Première personne : *m* ou *v;* deuxième personne : *s, th, dh;* troisième personne : *t, nt, n* (p. *nt*) et *us*.

Voix active ou *Parasmâipadam* (1).

	INDICATIF PRÉSENT.	IMPARFAIT.	IMPÉRATIF.	POTENTIEL.	
S. 1.	(I â) mi (2).	*am* (3)	*âni.*	I êyam.	II yâm.
2.	(a) si	(I a) s.	(I a) dhi-hi (4).	ês	yâs.
3.	ti.	t.	tu.	êt	yât.
Pl. 1·	(â) mas.	(â) ma.	*âma.*	éma	yâma.
2.	tha.	ta.	ta	éta	yàta.
3.	*anti (ati* 3)	*an (us* 3).	*antu (atu* 3).	êyus	yus.
D. 1.	(â) vas.	(â) va.	*àva.*	êva	yâva.
2.	thas.	tam.	tam.	étam	yâtam.
3.	tas.	tâm.	tâm.	êtâm	yâtâm.

(1) Les chiffres romains indiquent la conjugaison; les chiffres arabes, la classe.

(2) Comp. grec μι, σι... μες, τε, οντι.

(3) Cp. lat. *am, as, at*, μεν, τε, ον.

(4) Cp. θι, τω, οντων... τον, την.

Voix moyenne ou *Atmanêpadam*.

S.	1. 1.	*é*	(ê) *i*.	*ái*.	I êya.	II îya.
	2.	(a) sê.	(a) thâs.	(a) swa.	éthâs.	îthâs.
	3.	tê.	ta	tâm.	êta.	îta.
Pl.	1.	(â) mahê.	(â) mahi.	*âmahâi*.	êmahi.	îmahi.
	2.	dhwê	dhwam.	dhwam.	êdhwam.	etc.
	3,	*antê (atê* II)	*anta (ata* II)	*antâm (atâm* II).	êran.	
D.	1.	(â) vahê.	(â) vahi.	*âvahâi*.	êvahi.	
	2.	(ê) *âthê*.	(ê) *âthâm*.	(ê) *âthâm*.	êyâthâm.	
	3.	(ê) *âtê*.	(ê) *âtâm*	(ê) *âtâm*.	êyâtâm.	

138. Les deux conjugaisons diffèrent : **A.** *à l'actif* : 1° à la deuxième personne du singulier de l'impératif; la deuxième conjugaison a la forme *dhi* pour les radicaux terminés par une consonne autre qu'une nasale, *r* ou *l*, et la forme *hi* pour les autres ; 2° à toutes les personnes du potentiel.

B. *au moyen* : 1° aux troisièmes personnes du pluriel de tous les temps (le potentiel excepté), la deuxième conjugaison perd la nasale. 2° à la première personne du singulier de l'imparfait et à toutes celles du potentiel, la combinaison de *a* du radical avec *i* donne *é*. 3° aux deuxième et troisième personnes du duel de l'indicatif et de l'impératif, la première conjugaison a *é* ; résultat exceptionnel de la fusion de *a* avec *â*, ou amincissement de *â*. Ex. *éthê, éthâm*, au lieu de *âthê, âthâm*.

II. *Radicaux et formes verbales.*

139. I. Les formes primaires s'appliquent au présent de l'indicatif (1). L'impératif a quelques formes spéciales.

140. II. Les temps de l'indicatif et l'impératif se forment en ajoutant les suffixes personnels ci-dessus indiqués, aux radicaux constitués selon les classes auxquelles les racines appartiennent.

(1) Au futur également. Voy. p. 73.

Le suffixe constitutif du potentiel de l'actif est *i* (première personne *iy*) pour les radicaux en *a* ; et *yâ*, pour les autres. Cet *i* se combine avec le *a* du radical et forme *ê* : *êyam*, *ês*, *êt* (1).

Au moyen le suffixe du potentiel est *î*, lequel combiné avec le *a* de la première conjugaison, forme *ê*.

141. III. Quelques formes de l'indicatif et de l'impératif ont pour initiale une voyelle ; ce sont celles soulignées au tableau, à savoir : la première personne du singulier de l'imparfait, toutes les troisièmes personnes du pluriel, les trois premières personnes de l'impératif ; et, de plus, au moyen, la première personne du singulier de l'indicatif présent et toutes les deuxièmes et troisièmes du duel. La voyelle initiale de ces formes absorbe généralement le *a* du thème et le *î* du suffixe *nî* de la neuvième classe. Le *â* final reste ordinairement. Si l'initiale du suffixe est un *i* elle se combine avec le *a* du thème ; dans les autres cas on suit les règles du sandhi. Exemples :

atuda	+ am	donnent	atudam.	atuda	+ i	donnent	atudê.
aprînâ	+ am	—	aprînâm.	dôh	+ si	—	dhôxi.
prînî	+ anti	—	prînanti.	dwish	+ tam	—	dwishtam.
âpnô	+ am	—	âpnavam	strnu	+ anti	—	strnvanti.

IV. On remarquera que dans la première conjugaison le अ du radical devient long devant म et व, c'est-à-dire à la première personne du singulier du présent de l'indicatif et à toutes les premières personnes du duel et du pluriel.

142. V. *Augment*. L'imparfait et l'aoriste prennent l'augment. Cet augment est un *a* bref devant les consonnes. Ex. : बोधामि ; *imparfait* : अबोधम्. Devant les voyelles c'est un *a* long, ou plutôt il se marque par la vriddhification de la voyelle initiale.

Ex. : ऋच्, आर्चम्; ऊच्, औचम्.

---

(1) Comp. λυ-οιμ (ι), οις, οι, etc. A *yàm*, *yás*, etc. comp. ιην, ιης de ειͷν, ειͷς ; θειην, etc.

PREMIÈRE CONJUGAISON.

Verbe *Bharâmi* (1º classe). Radical : *Bhara*. Racine *Bhṛ*.

PARASMAIPADAM.

INDIC. PRÉSENT.	IMPARFAIT.	IMPÉRATIF.	POTENTIEL.
S. 1. भरा0मि	अभर0म्	भराणि	भरेयम्
2. भर0सि	अभर0स्	भर	भरेस्
3. भर0ति	अभर0त्	भरतु	भरेत्
P. 1. भरामस्	अभराम	भराम	भरेम
2. भरथ	अभरत	भरत	भरेत
3. भर0न्ति	अभरन्	भरतु	भरेयुस्
D. 1. भरावस्	अभराव	भराव	भरेव
2. भरथस्	अभरतम्	भरतम्	भरेतम्
3. भरतस्	अभरताम्	भरताम्	भरेताम्

ATMANÊPADAM.

S. 1. भरे	अभरे	भरै	भरेय
2. भरसे	अभरथास्	भरख	भरेथास्
3. भरते	अभरत	भरताम्	भरेत
P. 1. भरामहे	अभरामहि	भरामहै	भरेमहि
2. भरध्वे	अभरध्वम्	भरध्वम्	भरेध्वम्
3. भरन्ते	अभरन्त	भरन्ताम्	भरेरन्
D. 1. भरावहे	अभरावहि	भरावहै	भरेवहि
2. भरेथे	अभरेथाम्	भरेथाम्	भरेयाथाम्
3. भरेते	अभरेताम्	भरेताम्	भरेयाताम्

DEUXIÈME CONJUGAISON.

Paradigmes. 2ᵉ cl. *duh.* — 3ᵉ cl. *bhî.* — 5ᵉ, 8ᵉ cl. *tan.* — 7ᵉ cl. *bhaj.* — 9ᵉ cl. *dr̄* (1).

PARASMAIPADAM.

INDICATIF PRÉSENT.

S. 1.	दोह्मि	बिभेमि	तनोमि	भनज्मि	दृणामि
2.	धोक्षि	बिभेषि	तनोषि	भनक्षि	दृणासि
3.	दोग्धि	बिभेति	तनोति	भनक्ति	दृणाति
P. 1.	दुह्मस्	बिभीमस्	तनुमस्	भञ्ज्मस्	दृणीमस्
2.	दुग्ध	बिभीथ	तनुथ	भङ्क्थ	दृणीथ
3.	दुह्न्ति	बिभ्यति	तन्वन्ति	भञ्जन्ति	दृणन्ति
D. 1.	दुह्वस्	बिभीवस्	तनुवस्	भञ्ज्वस्	दृणीवस्
2.	दुग्धस्	बिभीथस्	तनुथस्	भङ्क्थस्	दृणीथस्
3.	दुग्धस्	बिभीतस्	तनुतस्	भङ्क्तस्	दृणीतस्

IMPARFAIT.

S. 1.	अदोहम्	अबिभयम्	अतनवम्	अभनज्म्	अदृणाम्
2.	अधोक्	अबिभेस्	अतनोस्	अभनक्	अदृणास्
3.	अधोक्	अबिभेत्	अतनोत्	अभनक्	अदृणात्
P. 1.	अदुह्म	अबिभीम	अतनुम	अभञ्ज्म	अदृणीम
2.	अदुग्ध	अबिभीत	अतनुत	अभङ्क्त	अदृणीत
3.	अदुह्न्	अबिभ्युस्	अतन्वन्	अभञ्जन्	अदृणन्
D. 1.	अदुह्व	अबिभीव	अतनुव	अभञ्ज्व	अदृणीव
2.	अदुग्धम्	अबिभीतम्	अतनुतम्	अभङ्क्तम्	अदृणीतम्
3.	अदुग्धाम्	अबिभीताम्	अतनुताम्	अभङ्क्ताम्	अदृणीताम्

(1) Du h, *traire*; bhî, *craindre*; tan, *étendre*; bhaj (bhanj), *briser*; dr, *fendre*.

IMPÉRATIF.

S. 1.	दोहानि	बिभयानि	तनवानि	भनज्ञानि	दणानि
2.	दुग्धि	बिभीहि	तनु	भङ्द्धि	दणीहि
3.	दोग्धु	बिभेतु	तनोतु	भनक्तु	दणातु
P. 1.	दोहाम	बिभयाम	तनवाम	भनज्ञाम	दणाम
2.	दुग्ध	बिभीत	तनुत	भङ्क्त	दणीत
3.	दुह्तु	बिभ्यतु	तनवतु	भनज्तु	दणतु
D. 1.	दोहाव	बिभाव	तनवाव	भनज्ञाव	दणाव
2.	दुग्धम्	बिभीतम्	तनुतम्	भङ्क्तम्	दणीतम्
3.	दुग्धाम्	बिभीताम्	तनुताम्	भङ्क्ताम्	दणीताम्

ATMANÈPADAM.

INDICATIF PRÉSENT.

S. 1.	दुहे	बिभ्ये	तन्वे	भञ्जे	दणे
2.	धुक्ते	बिभीषे	तनुषे	भङ्क्षे	दणीषे
3.	दुग्धे	बिभीते	तनुते	भङ्क्ते	दणीते
P. 1.	दुह्लह्मे	बिभीमहे	तनुमहे	भञ्ज्महे	दणीमहे
2.	धुग्धे	बिभीधे	तनुधे	भङ्ग्धे	दणीधे
3.	दुह्ते	बिभ्यते	तन्वते	भञ्जते	दणते
D. 1.	दुह्ल्वहे	बिभीवहे	तनुवहे	भञ्ज्वहे	दणीवहे
2.	दुह्लाथे	बिभ्याथे	तन्वाथे	भञ्जाथे	दणाथे
3.	दुह्लाते	बिभ्याते	तन्वाते	भञ्जाते	दणाते

IMPARFAIT.

S. 1.	अदुह्लि	अबिभ्यि	अतन्वि	अभञ्जि	अदणि
2.	अदुग्धास्	अबभीधास्	अतनुधास्	अभङ्क्थास्	अदणीथास्
3.	अदुग्ध	अबिभीत	अतनुत	अभङ्क्त	अदणीत
P. 1.	अदुह्लह्मि	अबिभीमहि	अतनुमहि	अभञ्ज्महि	अदणीमहि
2.	अधुग्धम्	अबिभीधम्	अतनुधम्	अभङ्ग्धम्	अदणीधम्
3.	अदुह्त	अबिभ्यत	अतन्वत	अभञ्जत	अदणत
D. 1.	अदुह्ल्वहि	अबिभीवहि	अतनुवहि	अभञ्ज्वहि	अदणीवहि
2.	अदुह्लाथाम्	अबिभ्याथाम्	अतन्वाथाम्	अभञ्जाथाम्	अदणाथाम्
3.	अदुह्लाताम्	अबिभ्याताम्	अतन्वाताम्	अभञ्जाताम्	अदणाताम्

6

IMPÉRATIF.

S. 1.	दोहै	बिभयै	तनवै	भनजै	दृणै
2.	धुग्ध्व	बिभीष्व	तनुष्व	भनक्त्व	दृणीष्व
3.	दुग्धाम्	बिभीताम्	तनुताम्	भनक्ताम्	दृणीताम्
P. 1.	दोहामहै	बिभयामहै	तनवामहै	भनजामहै	दृणामहै
2.	धुग्ध्म्	बिभीध्म्	तनुध्म्	भनग्ध्म्	दृणीध्म्
3.	दुह्ताम्	बिभ्यताम्	तन्वताम्	भनक्ताम्	दृणताम्
D. 1.	दोह्वावहै	बिभयावहै	तनवावहै	भनजावहै	दृणावहै
2.	दुह्वाथाम्	बिभ्याथाम्	तन्वाथाम्	भनज्ञाथाम्	दृणाथाम्
3.	दुह्वाताम्	बिभ्याताम्	तन्वाताम्	भनज्ञाताम्	दृणाताम्

POTENTIEL.

Dans la seconde conjugaison le potentiel se forme par l'adjonction simple des suffixes *yâm*, *íya*, au thème faible du verbe. Ainsi *duh* fait *duhyâm*; *bibhî*, *bibhîyâm*: *tanô*, *tanuyâm*; *bhanaj*, *bhañjyâm*; *drná*, *drniyâm*, etc.

Ex. Rac. *han*, tuer. Potentiel, *hanyâm*, *haniya*.

Parasmâipadam.   *Atmanêpadam.*

	SING.	PLUR.	DUEL.	SING.	PLUR.	DUEL.
1.	हन्याम्	हन्याम	हन्याव	हनीय	हनीमहि	हनीवहि
2.	हन्यास्	हन्यात	हन्यातम्	हनोथास्	हनीध्म्	हनोयाथाम्
3.	हन्यात्	हन्युस्	हन्याताम्	हनीत	हनीरन्	हनीयाताम्

143. VII. Les verbes de la première conjugaison dont le radical reçoit le gouna ou la vriddhi, le conservent à toutes les personnes de tous les temps spéciaux. Ex. उप्, ग्रोषामि, ग्रोषन्ति, ग्रोषेयम्, etc. A la deuxième conjugaison le gouna n'affecte que certaines formes appelées pour cela *formes fortes*. Ces formes sont :

A. Au transitif : les trois personnes du singulier de l'indicatif présent et de l'imparfait, les premières personnes des trois nombres et la troisième personne du singulier de l'impératif.

B. A l'*atmanêpadam* : les premières pers. des trois nombres de l'impératif.

Ces règles s'appliquent : 1° au gouna des racines des classes 2 et 3. 2° au renforcement du radical ; *a)* à celui des suffixes नु (नो) de la cinquième, et उ (ओ) de la huitième (Ex. तनोमि, तनुमस्) ; *b)* au renforcement de la nasale caractéristique de la septième classe (Ex. अनह्मि, अह्नमस्) ; *c)* au renforcement du suffixe *nî (nâ)* de la neuvième (Ex. प्रीनामि, प्रीनीमस्).

144. VIII. Le redoublement de la racine (dans la troisième classe) se compose de la première consonne et de la voyelle prise dans sa forme la plus brève. ऋ et ॠ donnent इ. Quelques verbes en आ prennent aussi exceptionnellement un इ au redoublement.

Les consonnes aspirées sont remplacées par les simples correspondantes, ध par द, etc.

Les gutturales, la nasale exceptée, se redoublent au moyen des palatales. क et ख prennent च ; ग, घ et ह prennent ज.

Ces règles s'appliquent au redoublement du parfait et des intensifs.

Dans les verbes qui commencent par deux consonnes dont la première est une sifflante et la seconde une autre consonne qu'une nasale, le redoublement se fait au moyen de la seconde consonne transformée, s'il y a lieu, selon les règles précédentes.

दा	fait	दद	ऋ	fait	इयर्
धा	»	दधा	ह्ला	»	जिह्ला
कित्	»	चिकेत्	मा	»	मिमा
भृ	»	बिभर्	स्तन्	»	तस्तन
			स्कम्भ्	»	चस्कम्भ

145. IX. Bon nombre de verbes ont, aux temps spéciaux, un thème différent de celui des autres temps. Ainsi :

Pâ *(boire)*	a	piba.	Mid *(aimer)*	a	mêd.
Sthâ *(stare)*	—	tishtha.	Vyadh *(blesser)*	—	vidh.
Mnâ *(réfléchir)*	—	mana.	Ranj *(teindre)*	—	raj.
Çad *(tomber)*	—	çîya.	Bhrajj *(frire)*	—	bhrjj.
Sad *(sedere)*	—	sîd.			
Mad *(être ivre)*	—	mâd.			

Quelques-uns reçoivent le suffixe inchoatif *cch* (= σχω) :

Gam *(aller)* a gaccha.

Yam *(réprimer)* — yaccha.

Ish *(désirer)* — iccha.

Enfin il est des verbes défectueux qui se complètent en empruntant des temps d'un autre verbe; tels sont :

Drç *et* paçya, *voir, regarder.*

Sr *et* dhâva, *aller, courir, etc.*

§ 2. *Particularités des différentes classes.*

PREMIÈRE CONJUGAISON.

146. Première et dixième classe. *Gouna.* 1º Racines en voyelles. Les voyelles finales de la première classe reçoivent le gouna, celles de la dixième classe prennent la vriddhi.

N. श्र et les diphthongues n'ont pas de gouna. V. § 13.

Ex. *Première classe.* नी donne नयामि (p. *nêámi*).

भू — भवामि (p. *bhôámi*).

भृ — भरामि.

गै — गायामि.

Dixième classe. प्लु — प्लावयामि

2º Si la racine est terminée par une consonne, dans ces deux classes, les voyelles इ, उ, ऋ (brèves) suivies d'une seule consonne reçoivent seules le gouna.

— 69 —

La dixième classe présente quelques exceptions. *Mrg, sprh* et autres ne prennent pas le gouna; *a* bref médial est parfois allongé. Exemples : *mrgayê* (mrg); *bhâlayê* (bhal).

A la première classe les racines en *ir* ou *ur* suivi d'une consonne, allongent la voyelle *i, u*.

Il en est de même de *guh* et de quelques racines en *am* ou *iv*. Exempl *mûrchâmi* (de murch); *tùrvâmi* (turv); *krâmâmi* (kram); *sthivâmi* (sthiv).

147. Quatrième classe. Suffixe : YA.

Les racines en ब्रम्, इव् s'allongent comme à la première classe; celles en ओ perdent la voyelle.

दिव् — दीव्यामि, jouer.

ओ — म्यामि, aiguiser (de même छो, दो, सो).

ऋ donne ई : ज़ीर्यामि, vieillir (de जॄ).

148. Sixième classe. Suffixe A, sans gounation. Ex. तुदामि.

इ, ई, उ, ऊ finales donnent इय्, उव् : धू (agiter), धुवामि.

ऋ donne रिय् : रू, द्रिये, respecter.

ऋ donne इर् : कॄ, किरामि, mélanger.

Quelques racines prennent une nasale aux temps spéciaux :

khid,	khindâmi, *arracher.*	lip,	limpâni, *engraisser d'huile.*
muc,	muncâmi, *délivrer.*	vid,	vindâmi, *trouver.*
krt,	krntâmi, *couper.*	lup,	lumpâmi, *couper.*
sic,	sincâmi, *arroser.*	piç,	pinçâmi, *former.*

DEUXIÈME CONJUGAISON.

149. L'application des lois euphoniques donne lieu à de nombreuses modifications des formes personnelles. Ex. *a)* Uni aux suffixes मि, सि, ति, त, le radical दोह्, दुह् produit les formes दोह्मि, धोत्ति, धोक्ति, दुग्ध.

Le radical द्विष fait द्वेष्मि, द्वेत्ति, द्वेष्टि; द्विष्ट. — Ces mêmes radicaux, avec धे, धम्, donnent धुग्धे, द्विड्वम्.

b) La nasale न caractéristique des cinquième, septième et neuvième classes devient ण au cas du § 67. Ex. de प्री ना मि fait प्रीणामि. — तृप्रोमि seul est excepté.

c) Les suffixes अन्, उस्, इ absorbent le आ final et le ई du suffixe नी de la neuvième classe, etc. Ex. पा; आपुस् (imp. troisième pers. plur.). प्रीणो;अप्रीणन्, प्रीणे, अप्रीणि.

d) A l'imparfait des radicaux terminés par une consonne, les suffixes स्, त् tombent. Ex. : (Rac. द्विष्) अद्वेट्, अद्वेट् pour *adwêshs, adwêsht*; (Rac. दुह्) अधोक्, अधोक् pour *adhôks, adhôkt* (de *adôhs, adôht*). Cfr. §§ 19 à 22.

Exc. S final tombe devant *t*. Ex. *çás* (régner), imparf. *açásam, açás, açát*, et peut se transformer en *t* devant *s*. Ex. *açât* pour *açáts, açáss*.

T, th, d, dh devant *s*, tombent parfois aussi. Ex. *vid*, imparf. deuxième personne singulier *avêt* ou *avês*. *M* ou *anusvârâ* final se change en *n* : *ajángan* pour *ajángam*, de *gam*, aller.

e) Suivis d'une voyelle *bibhî, hrî* font *bibhy, hriy*. *ô* devient *av* et *u, uv* ou *v*. Ex. *acinavam* de *acinôam*; *cinvanti* de *cinuanti*.

f) De deux consonnes finales la dernière s'efface. Ex. *lôlujj, lôlujmi*.

DEUXIÈME CLASSE. Racine simple gounée. Ex. वी, वेमि. La gounation a lieu d'après les règles du § 146 (première classe) et dans les mêmes cas.

a) Les verbes en *u* prennent la vriddhi au lieu du gouna devant une consonne : यु, यौमि, यौषि.

Nu (louer), *stu* (louer), *tu* (être puissant), *ru* (retentir) font *âu* ou *avî*. Ex. *stu; stáumi* ou *stavîmi*.

Brû, dire, fait *avî*, même à la deuxième personne du sing. de l'impératif : *bravîhi*.

b) *Rud* (pleurer), *an* (souffler), *çvas* (respirer), *svap* (dormir), prennent le suffixe *i* à tous les temps spéciaux devant une consonne, excepté à la deuxième et à la troisième personne du singulier de l'imparfait qui ont *îs, ît* ou *as, at* : *arôdam, arôdîs* ou *arôdas*, etc.

c) as, être, perd *a* aux formes faibles et fait aussi *is*, *it*, à l'imparfait. Ex. *Asmi, smas; ásam, ásis, ásít.* Voyez le tableau final § 243.

d) Les verbes en श्रा ont उस् ou ग्रन् pour suffixe à la 3ᵉ personne du pluriel de l'imparfait actif : या (aller), ग्रयुस्, etc.

e) Quelques verbes qui étaient primitivement de la troisième classe suivent les formes de celle-ci aux troisièmes personnes du pluriel. (Voyez troisième classe, *a)*.

Ce sont : jax, *manger*, jâgr, *veiller*, dîdhî, *briller*, vêvî, *rechercher*, daridrâ, *être pauvre*, cakâs, *briller*.

Troisième classe. Racine redoublée avec gouna (voyez §§ 145, 146) et fréquentatifs. Ex. हु, sacrifier, जुह्रोमि. — दोदुह्र (fréquentat. de दुह्), दोदोह्मि.

a) Les verbes de cette classe perdent la nasale du suffixe à toutes les troisièmes personnes du plur. Ex. भृ, porter, बिभ्रति et non बिभ्रन्ति. — La troisième personne du singulier a बिभर्ति (gouna et suffixe ति).

En outre à la troisième personne du pluriel de l'imparfait ils ont *us* pour *an* et la voyelle finale reçoit le gouna. Ex. ग्रबिभरुस् (et non *abibh-ran*; comp. deuxième classe, *e)*.

b) Dadâmi, donner, *dadhâmi*, établir, perdent l'*á* devant les consonnes aux formes faibles, et contractent leurs radicaux en *dat, dhat*, devant *s, t, th* et *dhw*. Ex. *dadhâmi, dadhmas; dadhê, dhatsê, dhad-dhwê.* — A la deuxième personne du singulier de l'impératif actif ils font *dêʰi, dhêʰi*.

c) Nij, nettoyer, *vij* séparer, et *vish*, entourer, font *nênêjmi, vêvêjmi, vêvêshmi.* Pour le reste voyez § 247 et suiv.

Les verbes terminés par une consonne ne prennent pas le gouna aux formes fortes dont le suffixe commence par une voyelle : Ex. *anênijam, nênijâi* (nij), *acikitam* (kit), *bêbhidimi*, mais *nênêktu, acikêt*, etc.

150. Septième classe. *N* inséré dans la racine, *na* aux formes fortes. युद् युनह्मि.

Les racines contenant une nasale la perdent aux temps spéciaux. Il en est de même aux classes 5 et 9 (नो, ना) et parfois dans les fréquentatifs à l'âtmanêpadam. Ex. *bhanj*, briser ; *bhanajmi, bhanjmas*, p. *bhananjmi*, etc.

Les racines finissant par une dentale perdent celle-ci, aux formes faibles, devant *t, th* ; quelquefois aussi devant *dh*. Ex. *bhind* fait *bhinthas, bhinddhi* ou *bhindhi*.

Trh, frapper, a *nê* au lieu de *na* aux formes fortes dont le suffixe commence par une consonne. Ex. *trnêhmi*, etc. ; mais *trnahâni*.

151. Cinquième et huitième classes. Suffixe *nu, u (nô, ô* aux formes fortes) : सु : सुनोमि, सुनुमस्.

Particularités. 1° हि, suffixe de la deuxième personne du singulier de l'impératif, tombe quand la racine finit en voyelle. Ex चि fait चिनु ; आप्, आप्नुहि.

2° उ (du suffixe नु) tombe parfois devant म् et व् quand le न est précédé d'une voyelle. Ex. डु : अडुन्म. Mais *âp* fait toujours *âpnumas*. Il en est de même de l'*u* de la 8e classe.

3° Quand *nu* est précédé d'une consonne, *u* devient *uv* devant une voyelle. Ex. *âp* fait *âpnuvanti* ; mais *ci, cinvanti* ; *tan, tanvanti*.

La huitième classe rentre dans la cinquième, car tous les verbes qui la composent, *kr* excepté, ont le radical terminé par *n* ou *n* (1).

kr fait *karô* aux formes fortes et *kuru* aux faibles : *Karômi, karôshi, kurutha*. Il perd aussi l'*u* devant *m* et *v* : *kurmas, akurva*, etc.

Stambh, stumbh et semblables perdent la nasale : *stabhnômi*, etc. Ex. *çru*, entendre, fait *çrnô* ; *krnv*, faire, fait *krnô* ; *dhinv*, exciter, fait *dhinô*.

152. Neuvième classe. Suffixe *nâ*.

Quelques racines en *î, û, r̄* (voyelles simples longues) raccourcissent ces voyelles. Ex. *jrinâmi (jrî)*, vieillir ; *lunâmi (lû)*, couper ; *dhunâmi (dhû)* agiter ; *jrnâmi (jr̄)*, digérer. — *Jnâ*, connaître, fait *jânâmi* ; *iyâ* fait *jinâmi* ; *grah* fait *grhnâmi*.

(1) Ce sont *rn, œin, ghrn, trn, œan, tan, man, van, san* et *kr*. Les quatre premiers peuvent recevoir le gouna. Ex. *arnômi* ou *rnômi*.

Les verbes terminés par une consonne font *àna* à la deuxième personne du singulier de l'impératif. Ex. *mushána* pour *mushnihi* (R. Mush).

La nasale médiale tombe. Ex. *Bandh*, lier, fait *badhnámi*; *çranth*, délier, *çrathnámi*.

§ 3. *Des temps généraux.*

Ces temps sont : le futur simple, le futur composé, le futur antérieur ou conditionnel, le parfait et l'aoriste avec son optatif.

Règles de formation.
I, II. — *Futur simple et composé.*

153. I. *Futur simple.* Il se forme de la racine gounée ou non et du suffixe *sya* ajouté à la racine soit directement soit avec insertion d'un *i*; c'est-à-dire du suffixe *sya* (*shya*) (1) ou *ishya* (pour *isya*, § 68). Le futur se conjugue aux deux voix comme l'indicatif présent de la première conjugaison. Il fait *syâmi*, *syasi* et *syê*, *syasê*, etc.

Ex. R. *Xip* (jeter) — *xêpsyâmi.* R. *Tr̃* (traverser)—*tarishyâmi.*

154. II. *Futur composé.* Il est formé par l'union d'un nom verbal avec le présent de l'indicatif du verbe *asmi*, être (voy. § 243). Ce nom verbal est composé de la racine gounée ou non et du suffixe *tr* désignant l'agent, l'auteur de l'acte, suffixe uni à la racine directement ou par un *i* de liaison comme le suffixe *sya*.

Le nom verbal appartient à la cinquième déclinaison. Les troisièmes personnes des trois nombres ne sont que les trois nominatifs de ce nom verbal (formes *tâ*, *táras*, *tárâu*).

Ex. R. *nu* gounée fera *nó*; avec *tâ* uni directement : *nôtâ*;

----

(1) Voyez § 68.

avec *asmi* et *hê* : *nôtâsmi, nôtâhê.* — *Tṛ* gouné fera *tar* ; avec le suffixe uni au moyen d'un *i* : *taritâsmi, taritâhé.*

	PREMIÈRE FORME.		DEUXIÈME FORME.	
	Parasmâipadam.	Atmanêpadam.	Parasmâipadam.	Atmanêpadam.
S. 1.	नोष्यामि	नोष्ये	नोतास्मि	नोताह्ये
2.	नोष्यसि	नोष्यसे	नोतासि	नोतासे
3.	नोष्यति	नोष्यते	नोता	नोता
P. 1.	नोष्यामस्	नोष्यामहे	नोतास्मस्	नोतास्महे
2.	नोष्यथ	नोष्यधे	नोतास्थ	नोताधे
3.	नोष्यन्ति	नोष्यन्ते	नोतारस्	नोतारस्
D. 1.	नोष्यावस्	नोष्यावहे	नोताखस्	नोताखहे
2.	नोष्यथस्	नोष्येथे	नोतास्थस्	नोतासाथे
3.	नोष्यतस्	नोष्येते	नोतारौ	नोतारौ

155. *Du thème.* Il se compose de la racine gounifiée ou non, du suffixe *sya* ou *tâ* et généralement de la voyelle इ liant les deux membres.

Sont gounifiées les voyelles finales et les médiales (1) aux même cas que les racines de la première classe (voy. § 146), c'est-à-dire quand elles restent brèves.

Ex. : nu, nôtâsmi ; nud, nôtsyâmi.

Ê et *ô* devant *i* font *ay, av.* Ex. *Savitâsmi, çwayishyé* (de *sô, çwê*).

Les diphthongues se changent en *â.* Ex. *dâ, dê* et *dô* font *dâsyâmi.*

156. Prennent *i* : *a)* La majorité des thèmes en consonnes.

b) Ceux en *ù, ṛ* et *ṝ* et quelques-uns en *i, î, u — ṝ* et la racine *vṛ.*

_____

(1) Quelques verbes de la sixième classe ayant *u* pour voyelle médiale ou finale ne prennent pas le gouna. Ex. *kuc, kucitâsmi ; gu, gutâsmi.* D'autres allongent l'*u.* Ex. *guh* fait *gûhitâ, gûhishya.* Ceux-ci peuvent aussi prendre le gouna *(gôdhâsmi).*

couvrir) prennent aussi *i*. *Grah* fait *garhishyê*. Ceux en *r* n'ont généralement pas l'*i* devant *tâsmi*; ils l'ont toujours devant *syâmi*.

c) Les verbes de la dixième classe *(aya)* et les racines polysyllabiques. Les dérivés en *ya* perdent ce suffixe.

Prennent *i* : *çvi*, croître, *çî*, être couché, *dî*, voler;

Xu, éternuer, *yu*, unir, *xnu*. aiguiser, *snu*, couler, *ûrnu*, couvrir. *Stu*, louer, *tu*, grandir, *ru*, bruire, *nu*, louer, et *sû*, engendrer, le prennent ou non à volonté (1).

Une centaine de verbes en *k, c, ch, j, d, dh, n, p, bh,m, c, s, sh* ne prennent pas l'*i* ; d'autres le rejettent ou le prennent à volonté.

नी — नेष्यामि, conduire.   दो — दास्यामि, couper.

धू — धोष्य ou धविष्य, agiter.   लिखू — लेखिष्य, écrire.

तृ — तरिता ou तरीता, traverser.   दृप् — द्रप्ता, s'enorgueillir.

चोरय — चोरयिष्य, voler.

157. Dans l'union directe de la racine et du suffixe on suit les règles du sandhi :

भज् — भक्ता, honorer. — भ्रज्ज् — भ्रष्टा, rôtir. — मृज् — माष्टा, effacer. लभ् — लब्धा, obtenir. — यज् — यष्टा, sacrifier.

दुह् — दोग्धा, enduire.

Les verbes de la dixième classe font *ayi* : *cur, côrayishyâmi*.

III. *Futur antérieur* ou *conditionnel*.

158. Il se forme du futur simple comme l'imparfait du présent de l'indicatif. Il se conjugue comme l'imparfait : Ex. R. *dâ*.

Fut. act. दास्यामि ; Cond. अदास्यम्, अदास्यस्, अदास्यत्.

moy. दास्ये ;   — अदास्ये, अदास्यथास्, etc.

_____

(1) *Mi* et *mî* font *mâtâsmi*. *Dhû* et *sû* font aussi *dhôtâ, sôtâ*. *Han* et *gam* ne prennent *i* que devant *sya*. Ex. *Hanishya, hantâ, gantâ*.

IV. *Parfait.*

159. Le parfait sanscrit a, à peu près, la même valeur que le parfait grec. Il se divise, au point de vue de la forme, en simple et composé.

Parfait simple.

Il s'emploie dans les verbes à racines monosyllabiques commençant par une consonne ou par une voyelle brève de nature ou de position, ou par un *a*.

1° *Formation.* Il se forme par le redoublement et la gounation de la racine et par l'adjonction à celle-ci de formes personnelles spéciales. Un *i* de liaison est ordinairement introduit entre le radical et les suffixes commençant par une consonne.

Les formes personnelles du parfait sont :

ACTIF.		MOYEN.	
Rac. bhid. (bibhêd) — a		(bibhid) — ê	
—	(i) tha	—	(i) shê — sê
—	a	—	ê
(bibhid) — (i) ma		—	(i) mahê
—	a	—	(i) dhvê (1)
—	us	—	(i) rê
—	(i) va	—	(i) vahê
—	athus	—	âthê
—	atus	—	âtê

(1) *Dhvê* devient *dhvê* dans les verbes qui n'admettent pas la lettre de liaison *i*. Dans ceux qui sont terminés par une semi-voyelle, par *h* ou par une voyelle autre que *a*, le changement peut se faire quand même *i* est conservé. Ex. *Sr, sasrdhvê; gup, jugubdhvê; druh, dudruhidhvê.*

160. 2° *Redoublement.* Les règles concernant le redoublement sont les mêmes que celles du § 145.

ऋ et ॠ et les diphthongues donnent अ au redoublement. Ex. तृ — ततार्. गै, जगौ. Si la racine commence par une voyelle brève, elle se redouble ainsi :

EXEMPLES :

इ	devient	आ	इष्	forme	ईष्, इयेष्
इ	—	ई, इये (1)	उष्	—	ऊष्, उवोष्
उ	—	ऊ, उवो (1)	ऋध्	—	आनर्ध
ऋ et अ + 2 consonnes		आन्	अन्ग्	—	आनन्ग्

161. 3° *Du gouna.* Les trois personnes du singulier du parfait actif seules prennent le gouna ou la vriddhi.

A. *Racines commençant par une voyelle.* La gounation suit les règles du § 160.

B. *Racines commençant et finissant par une consonne. I, u, r,* suivis d'une seule consonne, prennent le gouna. — *a,* dans ce cas, s'allonge à la troisième personne et peut le faire à la première ; la deuxième prend *i* à volonté.

Ex. *Bhid* (fendre), *bibhéda, bibéditha, bibhéda, bibhidima,* etc. *pac* (cuire), *papaca* ou *papâca, papaktha, papâca,* etc.

C. *Racines finissant en voyelle.* Ces racines se vriddhifient nécessairement à la troisième personne ; elles se gounifient à la première et à la deuxième. A la première personne elles peuvent aussi prendre la vriddhi.

Ex. *Ni* fait : S. 1 pers. निनाय   2 p. निनयिथ   3 p. निनाय
ou निनय   निनेथ   —

_____

(1) Dans les formes fortes, etc.

Kr fait S. 1 p. चकार. 2 p. चकर्थ. 3 p. चकार.

ou चकर.　　　　—　　　　—

P. 1. चकृम.　　2 p. चक्र. 3 p. चक्रुस्.

162. 4° *Union de la racine et des suffixes*. La voyelle de liaison *i* doit ou peut se supprimer dans certains verbes (1), excepté à la troisième personne du pluriel (*ire*) de l'atmanêpadam. Cette suppression se fait surtout à la deuxième personne du singulier de l'actif. A cette forme les verbes en *r* perdent toujours l'*i*.

I final devient *y*, ou *iy* selon qu'il est précédé d'une ou de deux consonnes.

Ex. नी fait निन्यिम, निन्य,

उ, ऊ deviennent उव् : श्रु; सुश्रुव.

ऋ devient र्; et अर् après deux consonnes : (क) चक्रुस, (स्तृ) तस्तर् (2).

ॠ devient अर् : Ex. ततर् (de तॄ).

आ, ए, ऐ, ओ, औ font औ à la première et à la troisième personne du singulier; आथ ou इथ, à la deuxième. Aux autres formes la voyelle longue disparaît : दो fait ददौ, ददाथ.. ददिव.

163. *Parfait contracté*. Les racines composées de la voyelle *a* entre deux consonnes, dont la première (3) se répète exactement au redoublement, contractent, dans les formes faibles, le radical du parfait; le redoublement est supprime et remplacé par un allongement de la racine, lequel devient *ê* (comparez *facere*, *feci*). Cette contraction peut aussi se faire à la deuxième personne du singulier. Ainsi :

(1) Elle se supprime nécessairement dans *dru*, *sru*, couler, *çru*, entendre, *stu*, célébrer, *kr*, faire, *bhr*, porter, *vr*, couvrir, et *sr*. aller.

(2) Deuxième personne du pluriel.

(3) Les racines commençant par *v* sont exceptées.

Parasmâipadam.	Atmanêpadam.
S. 1 p. ततान (ततन)	S. 1 p. तेने
2 p. ततन्थ (तेनिथ)	2 p. तेनिषे
3 p. ततान	3 p. तेने
P. 1 p. तेनिम	P. 1 p. तेनिमहे, etc.
2 p. तेन	
3 p. तेनुस्	
D. 1 p. तेनिव	
2 p. तेनथुस्	
3 p. तेनतुस्	

Mais *cakam, tastan* ne font point *kêmiva, stêniva*. Cependant *phal, trap, râdh, tr̄* et *bhaj, grath, çvath* prennent aussi cette forme. — *tras, bhram, râs, jr̄*, etc. (1) la prennent ou non à volonté. *Granth* peut faire *grêthima*, etc...

164. *Irrégularités.* 1° Les racines qui ont य ou व initial subissent une contraction qu'on appelle *samprasarana*. L'*a* tombe et la semi-voyelle se change en la voyelle correspondante.

Cette contraction s'opère au redoublement, à toutes les formes et à la racine des faibles. Exempl. वच् fait उवाच, ऊचिम (de *uucima*) यज; इयाज, ईज (de *iij*)(2). Les 1. य, र, व médiales subissent la même contraction à la racine des pers. faibles : व्यध् fait विव्याध, विविध (3); ग्रह, जग्राह; जगृह् (4). L'अ tombe également parfois dans les finales अन्, अम्:

जन्, जज्ञिम; गम्, जग्मुस्.

---

(1) *phan*, aller, *vam*, vomir, *stan*, retentir, *stam*, être troublé, *syam, svan*, retentir, *bhrâj, bhrâç* et *bhlâç*, briller.

(2) Ainsi font : *yaj*, sacrifier, *vac* et *vad*, parler, *vap*, jeter, semer, *vaç*, vouloir, *vas*, demeurer, *vah*, mener.

(3) Ainsi que *vyadh*, blesser, et *svap*, dormir.

(4) *pracch*, demander, *vraçç*, déchirer, *bhrajj*, frire, font aussi *paprcchus*, etc. — *dr̄, pr̄, çr* peuvent perdre l'*a*. — *ghas* fait *jaghsus* etc.

2. ब्रूह् (inquit) fait, à la deuxième personne du singulier, ब्रात्थ. Il manque de première personne à tous les nombres et de seconde au pluriel.

विद्, *savoir*, fait वेद्, वेत्थ, वेद्, विदिम, etc. sans redoublement.

vê, *tisser*,	fait	uvâya, ûyus (ou vavâu, etc.).
vyê, *vétit*	—	vivyâya, vivyus.
bhû, *devenir*,	—	babhûva, babhûvus.
hvê, *appeler*,	—	juhâva, juhuvus.
ji. *vaincre*,	—	jigâya, jigyus.
hi, *exciter*,	—	jighâya, jighyus.
mî, lî, dî	font	mamâu, mamus; lalâu, lalus, etc.
i, *aller*,	fait	iyâya, îyus.
aç, *obtenir*,	—	ânaçê, ânaçirê.
r, *aller*,	—	âra, ârus.
dê, *aimer*,	—	digyê.
guh, *cacher*,	—	jugûha (1).
han, *tuer*,	—	jaghâna, jaghnus.

165. Parfait composé.

Il se forme d'un nom verbal, composé du radical et du suffixe ब्राम् (accusatif féminin) et du parfait de l'un des verbes ब्रास्, भू ou कृ; ब्रास, बभूव et चकर (चक्रे, au moyen). Exemp. : चिन्तयामास, *il réfléchit* (de चिन्तयामि).

Il s'emploie 1º avec les racines polysyllabiques (*urnu* excepté)(2), les radicaux de la dixième classe et les dérivés (intensifs, désidératifs).

2º Avec les racines commençant par une diphthongue ou par *i, u* longs par nature ou par position, et dans le verbe *âs*.

(1) *Gúh* aux formes fortes. On dit aussi à la 2ᵉ personne *jugódha*.
(2) *úrnu*, couvrir, fait *úrnunâva*. C'est la seule racine dissyllabique qui ait un parfait simple. Formes faibles, *úrnunuvima*, etc.

3° Dans quelques verbes à racine monosyllabique, à savoir :
ऋ, aller, भृ, porter, भी, craindre, ह्री, rougir, हु, sacrifier, विद्, savoir (1).

Le radical verbal reçoit le gouna aux mêmes cas que le parfait simple.
Sont excepté : l'*ish* des désidératifs, les fréquentatifs en *ya* qui perdent ce
suffixe, et *vid*, *didhi*, briller, *vévi*, aller. Ex. *bóbhú*, *bóbhavám* ;
bubhódish, *bubhódishám* ; *namasya*, *namasám*.

i	fait	*ayám* (*ása*).
vid	»	*vidám* (*babhúva*).
(Avec redoublement) *hu*	»	*juhavám*.
bhí	»	*bibhayám*.
bhr	»	*bibharám*.
hrí	»	*jihrayám*.

PARADIGMES DU PARFAIT.

Rac. *ush.*	*ni*	*dá, dó.*	*cur.*
S. 1. उवोष	निनाय (2)	ददौ	S. 1. चोरयामास
			Id. चोरयाम्बभूव
2. उवोषिथ	निनयिथ (3)	ददाथ (4)	2. id. बभूविथ
3. उवोष	निनाय	ददौ	P. 1. चोरयामासिम
P. 1. ऊषिम	निन्यिम	ददिम	
2. ऊष	निन्य	दद	
3. ऊषुस्	निन्युस्	ददुस्	P. 3. चोरयामासुस्
D. 1. ऊषिव	निन्यिव	ददिव	Id. चोरयाम्बभूवुस् (5)
2. ऊषथुस्	निन्यथुस्	ददथुस्	
3. ऊषतुस्	निन्यतुस्	ददतुस्	

(1) Ces six verbes, et une dizaine d'autres encore, ont les deux espèces
de parfait. *Rt*, aller. *kam*, aimer, *gup*, garder, *dhúp*, fumer, *pan* louer,
et *vicch*, aller, tirent le nom verbal du radical du présent (*rtiyámi*,
kámayámi, *gópáyami*, *dhúpáyámi*, etc). Parfait : *rtiyám àsa*, *ká-
mayám àsa*, etc. — *Asé*, être assis, fait *ásáncakrê*.

(2) Ou निनय. — (3) Ou निनेथ. — (4) Ou ददिथ. — (5) Ces formes
sont les plus employées.

7

ATMANÊPADAM.

S. 1.	ऊबे	निन्ये	ददे	S. 1.	चो꣡र्यामास
2.	ऊबिषे	निन्यिषे	ददिषे	id.	त्रासाञ्चक्रे
	etc.	etc.	etc.		etc.	etc.

V. *De l'aoriste.*

166. Le sanscrit a plusieurs formes d'aoriste, qui toutes ont la même valeur, mais qui ne s'appliquent pas aux racines de verbes à volonté. Le parasmâipadam en a sept; l'âtmanêpadam, cinq.

On peut les diviser en trois catégories : les aoristes simples (deux formes), l'aoriste redoublé (une forme) et les aoristes composés (quatre formes).

167. Première catégorie. Elle correspond à l'aoriste second du grec. L'aoriste actif s'y forme au moyen de la racine, de l'augment et des terminaisons secondaires de la première conjugaison (*am, as, at, âma*) pour la première forme, et de celles de la deuxième conjugaison (*m, s, t, ma.* etc.) pour la seconde. Cette dernière à la troisième personne du pluriel prend *us;* l'*u* absorbe la voyelle de la racine. Ex. *adâ* donne *adus.*

Première forme. अम्, अस्.. अम.... Moy. ए, अथास्, अत, etc.

Cette forme diffère de l'imparfait, dans la première conjugaison, en ce qu'elle a pour radical, la racine simple. Aussi s'emploie-t-elle principalement dans les verbes dont le radical présente un renforcement de la racine. Ex.

सृप् Imp. असर्पम्, aor. असृपम्. —लिप्, I. अलिम्पम्, a. अलिपम्. गम्, अगच्छम्, अगमम्.

Les racines finissant en *i, â, ê* perdent ces voyelles. Ex. *çvi, açvam*, gonfler, *khyâ, akhyam*, raconter. — *R* devient *ar.* Ex. *dṛç, adarçam*, voir.

La nasale médiale tombe. *Ex.* : bhrañç abhraçam, *tomber*.

FORMES ANORMALES. Çâs (régir), *fait* açisham; as (jeter), *âstham*.

168. *Deuxième forme.* नू, सू, नू, म, त, उसू, etc. Sans moyen. Elle s'emploie dans les 12 verbes suivants en आ, ए, ओ.

ए et ओ y deviennent आ.

दा, donner, धा, poser, स्था, se tenir, छो, couper, दे, nourrir, धे, abreuver, घ्रा, flairer, म्यो, aiguiser, दो, trancher, गा, aller, पा, boire, सो, détruire.

Bhû appartient aux deux classes. Il fait : abhùvam, abhûs, abhût, abhùma..., abhùvan, etc.

Ex. *dá, dé* et *dó* donneront :

S. 1. अदाम्	P. 1. अदाम	D. 1. अदाव
2. अदास्	2. अदात	2. अदातम्
3. अदात्	3. अदुस्	3. अदाताम्

N. Les neuf verbes en *n*, *ṇ* de la huitième classe peuvent ajouter les suffixes *thâs, ta* (des seconde et troisième personnes du singulier du moyen) directement à la racine en supprimant la nasale.

Ex. : rn ; ârthâs, ârta, *aller*. — tan ; atathâs, atata. *San* allonge l'*a* : asâthâs, etc.

DEUXIÈME CATÉGORIE. *Troisième forme.* Cette forme correspond au plus-que-parfait grec. Elle se compose de la racine redou-blée, de l'augment et des suffixes personnels de l'imparfait de la prem. conjugaison : *am, as, at, âma...* Moy. *ê, athâs, ata*, etc. Cet aoriste s'emploie dans les verbes formés du suffixe अय, verbes de la dixième classe, dénominatifs et causatifs et dans quelques autres. Ex. : *tax*, fabriquer.

	PARASMAIPADAM.	ATMANÊPADAM.
S. 1.	अततत्तम्	अततत्ते
2.	अततत्तस	अततत्तथास्
3.	अततत्तत्	अततत्तत
P. 1.	अततत्ताम	अततत्तामहि
2.	अततत्तत	अततत्तध्वम्
3.	अततत्तन	अततत्तत
D. 1.	अततत्ताव	अततत्तावहि
2.	अततत्ततम्	अततत्तेथाम्
3.	अततत्ताताम्	अततत्तेताम्

FORMATION. 1° *Radical.* Il est en général formé de la racine dans sa forme la plus simple et la plus brève. Ex. चोरयामि a pour racine चुर् ; l'aoriste sera अचूचुरम्.

La plupart des dénominatifs et quelques verbes de la 10° classe conservent la voyelle longue ou la diphthongue. Ex. माल्यामि अममाल्तम्. Les voyelles ऋ, ॠ, ॡ médiales des racines peuvent conserver l'allongement qu'elles ont reçu dans le verbe dérivé. Exemple : कल्पयामि (de कॢप्) अचकल्पम् ou अचीकॢपम्.

Si le radical finit par une voyelle, इ et उ deviennent इय्, उव्; ऋ devient अर् et les diphthongues tombent.

Ex. श्रि. अशिश्रियम्, कृ. अचकरम्, धो अदधम्.

2° *Redoublement.* A. Pour la consonne du redoublement on suit les règles du § 144. La voyelle doit être, en principe, celle du radical, rendue brève si elle est restée longue ou composée. Ex. ढौक्, अदुढौकम्, s'approcher.

ॠ et ॡ prennent इ. Ex. स्पृश् अपिस्पृशम्, toucher.

Exceptions. A. I. *i, u* sont allongés au redoublement quand ils ne sont précédés et suivis à la racine que d'une seule consonne. *Ex.* : tulayâmi, atûtulam, *peser*; bhêdayâmi, (bhid), abîbhidam, *briser*.

Il en est de même de *i* représentant un *r* ou un *l* du radical dans le même cas. *klp, aciklpam*, former.

II. Le redoublement prend *i* pour *a* quand le *a* du radical n'est suivi que d'une seule consonne initiale. Ex. *kram, acikramam*, aller ; *pac, apípacam*, cuire.

Le *a* de *av* ou *áu* du radical provenant de *u, ù* est représenté tantôt par *i*, tantôt par *u* ; quelquefois par l'un et l'autre. Ex. *cyávayâmi* (de *cyu*, tomber) fait *acucyavam* ou *acicyavam*.

B. Quand la racine commence par une voyelle, le redoublement prend *i* et se place après la voyelle. Ex. *id* fait *â-i-di-dê, âidide*. Cependant si la racine a deux consonnes dont la première est un *r* ou une nasale, le redoublement se place après la première. Ex. *arc, ár ci-c,árcicam*,vénérer.

Formes anormales. Naç, périr,et *vac* contractent le radical : *anêçam*, p. *ananaçam, avócam* p. *avavacam* ; *sthâpayâmi (sthà)* fait *atishtipam, svápayâmi (svap*, dormir*)* fait *asùshupam*.

On verra les autres plus loin.

171. 3ᵉ *catégorie.* Cette catégorie, qui répond à l'aoriste premier grec et au parfait latin en *si*, comprend quatre formes pour l'actif et trois pour le moyen. Les marques caractéristiques de ce temps sont l'augment et le suffixe *s*,répété dans la quatrième forme. Les formes personnelles de la première classe sont celles de l'imparfait (सम्, सस्...से, सथास्) ; les trois autres ont des formes spéciales. La 4ᵉ forme n'est que la 3ᵉ renforcée d'un second *s* caractéristique. La 3ᵉ n'est que la seconde unie au radical par un *i*. Mais *isis, isit* se contractent en *îs, ît*..

	ACTIF.		MOYEN.	
2ᵉ FORME.	3ᵉ FORME.	4ᵉ FORME.	2ᵉ FORME.	3ᵉ FORME.
S. 1. sam	isham	sisham	si	(1) ishi
2. sis	îs	sîs	sthâs (thàs)	ishthâs

3. sît	ît	sît	sta (ta)	ishta
P. 1. sma	ishma	sishma	smahi	ishmahi
2. sta (ta)	ishta	sishta	ddhvam	iddhvam
3. sus	ishus	sishus	sata	ishata
D. 1. swa	ishwa	sishwa	svahi	ishvahi
2. stam (tam)	ishtam	sishtam	sâthâm	ishâthâm
3. stâm (tâm)	ishtâm	sishtâm	sâtâm	ishâtâm

172. *Remarques.* I. Emploi de ces formes. — La première forme s'emploie dans les verbes finissant par म्, ष्, ह्, et dont la voyelle n'est point आ : Ex. दिश् fait अदिक्षत् (*diç*, montrer).

La quatrième, dans les verbes dont la finale est आ ou une diphthongue ou आय् qui, en ce cas, se raccourcit en आ ; en outre, dans les verbes यम्, *dompter* ; नम्, *courber* ; रम्, *réjouir*.

Ex. सो, असासिषम्; व्याय्, अव्यासिषम्; नम्, अनंसिषम्

Quant aux deux autres formes, il n'est guère possible d'établir des règles ; l'usage seul peut en apprendre l'emploi. La plupart des racines finissant en consonnes, en ऊ ou ऋ, prennent la troisième.

II. *Première forme* (sam, sas). Les verbes *dih*, oindre, *duh*, traire, *guh*, cacher, *lih*, lécher, au moyen, perdent parfois le *sa* devant les dentales : *adigdhás* p. *adhixathás*. Les trois premiers ainsi que *gâh*, pénétrer, et *dah*, brûler, ont l'aspiration à la première consonne quand la finale ne l'a point. Ex. *adhixam*, *aghuxam*, etc. (comp. § 22).

III. *Deuxième forme.* Le s précédant un t tombe quand la voyelle radicale est brève : Ex. *xip*, jeter, fait *axipta*, *axipthás*.

IV. A la deuxième forme les racines en consonnes subissent les modifications que réclament les règles du sandhi ; l's qui précède t, th, tombe généralement dans cette combinaison. Ex. *dah*+*sta* donne *adaghda* ; *viç* -|- *sta* donne *vishta* ; *akâr* et *stam* = *akârshtam*.

V. Gouna dans la 2ᵉ et la 3ᵉ formes.

173. 2ᵉ FORME. — *Parasmâipadam.* La voyelle radicale est vriddhifiée (1) : ऋ médial devient ार्. Les diphthongues finales se changent en आ.

Atmanêpadam. Les racines vocaliques (ऋ excepté) prennent le gouna ; celles en consonnes ou en ऋ restent sans changement. ऋ devient ई र्, ऊ र् selon les règles. Les diphthongues finales et आ s'amincissent souvent en र. Ex. *nî* : *anâisham*, *anêshi* ; *dṛç*, *adrâxam* ; *dhê*, *adhâsam*, *adhishi*, etc. — *xip*, *axâipsam*, *axipsi*. — *kr*, *akâram*, *akrshi*. — *pac*, *apâxam*.

174. 3ᵉ FORME. Les racines finissant en consonne prennent le gouna dans les cas indiqués § 146 (première classe) (2) ; अ est souvent allongé.

बुध्, अबोधिषम्; कण्, अकाणिषम्.

Les racines terminées par une voyelle prennent le gouna au moyen et la vriddhi à l'actif. पू : अपाविषम्, अपविषि, purifier.

Les racines en r̄ et *vr* font quelquefois *tshi* au lieu *ishi* ; *vr*, *avarîshi* ; *r̄r*, *atarîshi*. *Grah*, saisir, fait *agrahîsham*.

N. *Vah*, veho (actif), et *sah*, supporter (moyen), font *ôdh* devant *t*, *th*, *dh*, à la deuxième forme.

Vah (actif), 2ᵉ pers. pl. *avôdha* ; duel 2. 3 : *avôdham*, *avôdhâm*.

Sah (moyen). Sing. 2, 3 : *asôdhâs*, *asôdha* ; 2ᵉ pl. : *asôdhwam*.

---

(1) Font exception les verbes de la 6ᵉ classe qui ont un *u* à la racine. Dans ces verbes *û* final devient *uv* devant *i* : *gû*, *aguvisham*, *gu*, *agusham*.

(2) Dans la 5ᵉ classe *dhvam* devient *dhvam* après une linguale et une voyelle autre que *a* ; *idhvam* (ou *idhvam*) peut prendre aussi la linguale après une semi-voyelle ou *h*. La finale *sîdhvam* ou *ishîdhvam* du précatif suit les mêmes règles.

175. Certains verbes ont plusieurs aoristes. Ex. *çwi* fait *açwam*, et
açwayisham. Ce sont surtout ceux qui prennent la forme *isham*.

AORISTES. 3me CATÉGORIE.

Racine. 2e classe. *tud*, frapper; *xip*, jeter. — 3e classe, *budh*, savoir.

Parasmâip.	*Atmanêp.*	*Parasmâip.*	*Atmanêp.*
S. 1. अतौत्सम्	अत्तिप्सि	अबोधिषम्	अबोधिषि
2. अतौत्सीस्	अत्तिप्थास्	अबोधीस्	अबोधिष्ठास्
3. अतौत्सीत्	अत्तिप्त	अबोधीत्	अबोधिष्ट
P. 1. अतौत्स्म	अत्तिप्स्महि	अबोधिष्म	अबोधिष्महि
2. अतौत्त	अत्तिब्धम्	अबोधिष्ट	अबोधिधम् (2)
3. अतौत्सुस्	अत्तिप्सत	अबोधिषुस्	अबोधिषत
D. 1. अतौत्स्व	अत्तिप्स्वहि	अबोधिष्व	अबोधिष्वहि
2. अतौत्तम् (1)	अत्तिप्साथाम्	अबोधिष्टम्	अबोधिषाथाम्
3. अतौत्ताम् (1)	अत्तिप्सातम्	अबोधिष्टाम्	अबोधिषाताम्

VI. *Optatif de l'aoriste ou précatif.*

176. Il se forme en ajoutant à la racine les suffixes *yám*, *yás*, *yát*, etc.,
au transitif, et *íya*, *ishthás*, etc. à l'âtmanépâdam. Ex. Rac. तप्, brûler.

Parasmâipadam.	Atmanêpadam.
S. 1. तप्यासम्	तप्सीय
2. तप्यास	तप्सीष्ठास्
3. तप्यात्	तप्सीष्ट
P. 1. तप्यास्म	तप्सीमहि
2. तप्यास्त	तप्सीधम्
3. तप्यासुस्	तप्सीरन्
D. 1. तप्यास्व	तप्सीवहि
2. तप्यास्तम्	तप्सीयास्थाम्
3. तप्यास्ताम्	तप्सीयास्ताम्

(1) Voyez § 172, III.

(2) Ou *idhvam*. — *yâ*, aller (4e cl.) fera *ayâsisham*, *ayâsis*, *ayâsit*,
ayâsishma, etc.

Ces suffixes ne sont, au fond, que ceux du présent, renforcés par la sifflante *s* caractéristique de l'aoriste ; *yâs, yât* sont pour *yâss, yâst*. Au moyen ce suffixe se trouve deux fois dans les formes en *t*. Ex. *sîshta.*

Règles de formation.

177. 1° *Parasmâipadam.* A. Les racines consonnantiques restent intactes.

Except. इ et उ, suivis de र, ल ou व, s'allongent :

Ex. दिव्, दीव्यासम्.

B. Voy. finale. इ et उ s'allongent : चि, *entasser*, fait चीयासम् ; नु, नूयासम्, *louer.* — ऋ se transforme comme à la 4° classe : कृ, क्रियासम् ; स्मृ, स्मर्यासम्, *se souvenir.*

ॠ devient ईर् ou ऊर्, selon les règles : तृ, तीर्यासम् ; पृ पूर्यासम्.

Les racines *dâ, dhâ, gâ,* aller, *pâ,* boire. *mâ,* mesurer, *sthâ, hâ,* abandonner, *dê, dhê, dô, gâi,* chanter, changent l'*â* ou la diphthongue en *ê*. Ainsi *dâ, gâi* font *dêyâsam, gêyâsam*, etc.

Mais *â* reste après deux consonnes : *sthâ, sthâyâsam* ; et dans *pâ,* gouverner *(pâyâsam)*.

Les racines en *ô* font *âyâsam* ou *ôyâsam* ; *çô, çâyâsam* ou *çôyâsam,* aiguiser.

La nasale médiale tombe : *bandh,* lier, *badhyâsam.*

Les dérivés en *ay* perdent ce suffixe : *côrayâmi, côryâsam.*

Ceux en *ây* peuvent le conserver ou former leur précatif de la racine : *gôpâyâmi* (protéger) fait *gôpâyyâsam* ou *gupyâsam.*

Le *samprasârana* se fait également. *Vac,* parler, fait *ucyâsam* ; *vyadh,* percer, *vidhyâsam ; grah,* saisir, *grhyâsam. vyê,* vêtir, *jyâ*, vieillir, font *vîyâsam, jîyâsam* ; *hwê*, invoquer, *çwi*, croître, *vê*, tisser, font *hûyâsam, çûyâsam, ûyâsam*.

178. 2° *Atmanêpadam*. a) La forme est *sîya* ou *ishîya* (avec un *i* de liaison). — La forme इषीय exige le gouna de la racine :

नी, नयिषीय; बुध्, बोधिषीय.

ऋ donne parfois अरी; कृ *verser* fait : करीषीय ou करिषीय.

b) Devant सीय les voyelles finales se gounifient : नु, नोषीयु.

ऋ devient इर्, ऊर् : तृ, पृ, font तीर्षीय, पूर्षिय.

आ, ऋ et les voyelles médiales restent : कृ, कृषीय; त्निप्, त्निप्सीय.

Les diphthongues finales s'amincissent en आ : दो, दासीय.

Quelques verbes prennent les deux formes ; ce sont surtout ceux en ऋ. Les autres suivent en général les règles indiquées au § 156 pour la formation du futur.

§ 5. *Du passif.*

I. Temps spéciaux.

179. Les temps spéciaux du passif se forment en ajoutant à la racine le suffixe *ya*. Les flexions personnelles sont celles de l'*âtmanêpadam*.

Ex. द्वेष्मि   (द्विष्. 2) — द्विष्ये, être haï.

अनुभवामि (अनुभू. 1) — अनुभूये, être fréquenté.

La conjugaison est la même que celle de la quatrième classe : *dwishyê, dwishyasê*, etc. ; l'accent seul diffère.

180. Les racines subissent les mêmes modifications qu'au précatif. Exc. : la plupart des racines en आ, ए, ओ ऐ, changent ces voyelles en ई et non en ए. — दा, दो font दीय; गै fait गीय.

Quelques verbes en ग्रन् font ग्राय ou ग्रन्य. — Ex. खन ः खन्य ou खाय, creuser. Ainsi font *jan*, engendrer, *tan*, étendre, *san*, donner.

Les verbes *granth*, nouer ; *çranth*, délier ; *nam*, courber ; *brû*, dire, emploient l'âtmanêpadam pour le passif dont ils manquent.

181. Le suffixe du passif s'emploie aussi avec les flexions de l'actif ; mais alors le verbe exprime ordinairement l'action réciproque : द्विष्यन्ति, ils se haïssent mutuellement.

On trouve, avec le sens du passif, *môxyêyam*, que je sois dé livré, etc.

II. Temps généraux.

182. A. *Formes de flexion*. Ce sont les mêmes que celles du moyen. La troisième personne du singulier de l'aoriste fait seule exception. V. 183.

B. *Radicaux*. Le *parfait* est identique aux deux voix : *bhid*, *bibhéda* (pass. et moy.). Le *futur*, le *conditionnel*, l'*aoriste* et le *précatif* peuvent prendre deux radicaux : celui du moyen aux mêmes temps ou celui de la troisième personne de l'aoriste passif. V. 183, 184.

Première forme. Ces temps se forment comme ceux du moyen et ne s'en distinguent que par l'*i* intermédiaire qui est obligatoire au passif pour les racines vocaliques.

Ex. तुॄ : passif et moyen, तोत्ताह्रे, अतुर्त्सि, तुत्सीय.
नी :   moyen, नेष्ये,   अनेषि, नेषीय.
           passif, नयिष्ये, अनयिषि, नयिषीय.

N. *Grah*, *drç* et *han* prennent aussi *ishi* à l'aoriste : *agrhishi*, etc.

183. Aoriste. *Troisième personne du singulier*. Cette forme se compose de l'augment, de la racine gounifiée ou vriddhifiée et du suffixe *i*. Ex. बुध्, अबोधि ; नी, अनायि.

Le suffixe *aya* des dérivés et le *a* final tombent : Ex. बोधय,
अबोधि; लोलूय, अललोलूयि.

GOUNA. Les racines vocaliques sont vriddhifiées : जि, vaincre,
अज्ञायि. — ऋ n'est souvent que gounifiée : दृ, honorer, अदरि.

आ reste sans changement; les diphthongues se changent en
आ et l'on insère un य pour préserver la forme इ : दु, अदायि, मो,
अमायि.

Si la racine termine en consonne, les voyelles longues par
nature ou par position restent intactes; cependant ऋ devient
ईर्. Les brèves sont vriddhifiées ou gounifiées.

Ex. स्तृहृ, अस्तीर्हि; खन्, अखानि; बुध्, अबोधि.

Les racines dont la voyelle est suivie d'une nasale et d'une autre consonne, perdent parfois la nasale et sont vriddhifiées : *bhañj* fait *abhâji*.

Exceptions. L'*a* médial reste souvent, surtout s'il est suivi de *m*. Ex.
kram, marcher, fait *akrami*. L'*i* des désidératifs *(ish)* et la médiale des
verbes qui ont le suffixe *ya*, restent également. Ex. *namasyámi, anamasyi*, adorer. Ce suffixe peut tomber dans les dénominatifs. Ainsi l'on dira
également *anamasi* et *anamasyi*.

184. Dans les verbes terminés par une voyelle et dans *grah,
dṛç* et *han*, tuer, l'aoriste, le futur, le conditionnel et le précatif
peuvent aussi se former directement de la troisième personne de
l'aoriste en *i*.

Ex. दु fait अदायि, अदायिषि, दायिष्ये, अदायिष्ये, दायिषीय.

CHAPITRE VI.

DES MODES IMPERSONNELS DU VERBE.

Ces modes sont l'infinitif, le gérondif et le participe.

§. *De l'infinitif.*

185. L'infinitif sanscrit n'est proprement que l'accusatif d'un
nom verbal en *tus*. Cependant il ne s'emploie plus qu'à cette

forme et remplit les fonctions d'un vrai infinitif ; il reçoit le même régime que le verbe, etc.

Ex. वाम् द्रष्टुम् इच्छामि, je désire te voir (te videre cupio).

Il se forme par l'adjonction du suffixe *tum* à la racine modifiée selon les règles de formation du futur composé. La lettre de jonction *i* est employée de la même façon. Ex. :

श्रु	— श्रोतुम्	entendre.
कृ	— कर्तुम्	faire.
भू	— भवितुम्	devenir.
वच्	— वक्तुम्	dire.
चोरय	— चोरयितुम्	voler etc.

§ 2. *Gérondif.*

186. Le gérondif sanscrit n'est proprement qu'un nom verbal exprimant l'accomplissement d'un acte antérieur à un autre ou concomitant, sans aucune relation avec un sujet. Aussi les verbes au gérondif ont-ils tantôt un sens actif, tantôt un sens passif.

Ex. राज्ञा गणयित्वा भणितम्.

Il fut dit par le *roi* après que la supputation eut été faite.

Le gérondif a deux formes, l'une en त्वा, l'autre en य.

1° *La forme en* त्वा n'est que l'instrumental du nom verbal qui a donné l'infinitif.

Le suffixe त्वा s'ajoute à la racine avec ou sans इ de liaison.

Le इ est employé avec la plupart des racines en consonnes ; il l'est rarement avec celles en voyelles.

I. ADJONCTION DIRECTE DE त्वा. Les racines sont généralement amincies ; les diphthongues deviennent अर. Les formes les plus brèves sont employées. Ce sont en général celles du participe passé; le *samprasârana* se fait également.Mais ऋ devient ईर् ou ऊर् et la nasale médiale peut rester. Le द final est souvent supprimé.

दो	fait	दावा.	गम्	fait	गवा.
खप् (1)	—	सुप्वा.	दा	—	दत्वा.
धा	—	ह्लिवा, etc.	तॄ	—	तीर्वा.
भिद् (2)	—	भिन्वा.	भञ्ज्	—	भङ्क्वा (4).
धाव् (3)	—	धोवा.	पॄ	—	पूर्वा.
वच्	—	उक्वा.			

II. Avec le इ de liaison les voyelles finales et les initiales brèves doivent être gounées, les médiales brèves peuvent l'être (Comp. § 146).

Ex. नी, नयिवा; इष्, एषिवा; लिख्, लिखिवा ou लेखिवा.

187. 2ᵉ *forme*, य (त्य). Elle s'emploie en général dans les verbes composés dont le premier élément est un préfixe invariable. La racine reste ordinairement sans changement. ऋ devient ईर् ou ऊर् selon le cas : अवतीर्य, सम्पूर्य (de तॄ, पॄ).

Les diphthongues deviennent आ : उपगाय (de गै).

Ir, ur, iv, uv s'allongent : विदीव्य (de दिव्).

La nasale pénultième tombe lorsque la seconde consonne n'est point une gutturale.

Les contractions du *samprasârana* s'opèrent aussi : प्रवद्, *réciter*, donne प्रोद्य (de *pra udya*).

त्य s'emploie après les voy. brèves : अनुकृत्य (de *anu kr*) (5).

(1) Dormir. — (2) Fendre. — (3) Courir.
(4) *Majj*, plonger, et *naç*, périr, peuvent prendre une nasale : *Maṇktvá nanshtvá*; *radh*, frapper, fait *randhitvá*. — (5) Imiter.

Les causatifs et dénominatifs prennent l'une et l'autre forme ; devant *ya* les suffixes *a* et *aya* (1) disparaissent. Cependant *ay* peut rester quand la racine est un *a* bref suivi d'une seule consonne : *Nibadhya (bandh), Nidhâya (dhâ); nivédayitwa, nivédya (vid); vyushya (vas); uttîrya (tr); vikrtya (hr), pariganayya (ganay).*

188. 3° Il y a encore une troisième forme, accusatif d'un nom verbal en ग्रम्. Ce gérondif désigne une action prolongée ou habituelle ou concomitante. La racine reçoit généralement la vriddhi quand elle se termine par une voyelle, et le gouna ou la vriddhi quand elle forme une syllabe consonnantique brève. Ex. कृ, कारम्; वह्, वाहम्;—यावज्जीवन्, vivant aussi longtemps que. (P. *yâvat jîvam*).

Il s'emploie ordinairement dans les composés. Répété, il indique la répétition fréquente de l'acte : *bhôjambhôjam vrajati*, il va mangeant toujours.

§ 3. *Des participes.*

189. Les diverses formes de participes sont :

	ACTIF.	MOYEN.	PASSIF.
PRÉSENT.	ant, antî	(a) mâna (1re cj).	yamâna, yant.
	at, atî (3e cl.)	âna (2e cj).	
FUTUR.	syant.	syamâna.	tavya, ya, anîya.
PASSÉ.	tavant, navant.		ta, na.
PARFAIT.	vâns (ushî)	âna.	

Règles de formation.

I. *Participes présents et futurs.* Tous les participes présents et les participes futurs de l'actif et du moyen se forment de la 3me

_____
(1) Le *ya* des dénominatifs et fréquentatifs tombe également quand il est précédé d'une consonne.

personne du pluriel des temps correspondants de l'indicatif en changeant अन्ति en अत् ou अत्, et अन्ते en अनान ou आन. Ex.

लय्, लयति, लयत्, लयमान; उह्, उह्न्ति, उह्त्, उह्ान
तुद्, तोत्स्यति, तोत्स्यत्, तोत्स्यमान.

Les participes en अत् ont le double thème अत्, अत्. Cependant les participes présents en *at* de la troisième classe n'ont que le thème faible *ot*. Ex. दा; part. prés. : ददत्, Inst. ददता.

La forme अती du féminin s'emploie généralement dans la première conjugaison et अती, dans la deuxième (1).

Ex. लय् (2), लयत्, लयती; द्विष्, द्विषत्, द्विषती.

Le moyen prend le suffixe मान dans la première conjugaison et आन dans la seconde.

Ex. लयमान, द्विषान

âs, être assis, fait *âsîna*, par exception.

190. II. *Participe du parfait.* Il se forme de la même manière, en ajoutant, au thème faible du parfait, *vâns* (*vas*) pour le parasmâipadam et *âna* pour l'âtmanêpadam. Ex.

R. *rud*, pleurer. Thème faible du parf. : *rurud* (V. rurudus). Participe du parfait *rurudvâns, rurudâna. Nî, niny* (*us*), *ninîvân* (3).

Les formes monosyllabiques et les diphthongues finales prennent un इ devant le व du suffixe. Les diphthongues et आ tombent alors à tous les cas.

Les nasales médiales tombent également.

Ex. दा, ददिवान्; ददुबा; पच्, पेचिवान्; ऋ, आरिवान्, आरान्; बन्ध्, बबधान्.

---

(1) Les verbes de la sixième classe *(â)* et le futur peuvent prendre les deux formes *antî* et *atî*; il en est de même des verbes en *â* de la seconde classe. Ex. *yâ* fait *yânti* ou *yâti.*

(2) Parler. — (3) ऋ donne parfois *ir* ou *ùr.*

i précédé de deux consonnes et *u* prennent *y*, *v* devant *us*, *ána*, selon la règle. Ex. *çri*, *çiçriyushá* ; *nu*, *nunuvushá*, *nunuvána*.

N. *Gam* et *han* perdent l'*a* quand ils prennent l'*i* : *jagmivân*. *Drç*, *vid* et *viç* prennent l'*i* à volonté : *vividván* ou *vividiván*.

191. III. *Participe passé.* A. *Actif*. Il se forme du passif en y ajoutant वत्. उक्त fait उक्तवत् ; ग्रन्न, ग्रन्नवत् (de ग्रद्, manger). (Nom. *án*, forme faible *at*).

192. B. *Passif* (1). Ce participe a deux formes : न et त.

I. *Forme* न. Elle s'ajoute directement à la racine.

Prennent न : 1° Les verbes en द् qui ne prennent pas इ au futur et छद्, ह्लाद् (ह्लन्न) et बुन्द्, concevoir (2). *Und*, être mouillé, *nud*, exciter, *vid*, obtenir, prennent les deux formes.

2° Tous ceux en ॠ : स्तृ, स्तीर्ण ; पृ, पूर्ण.

3° Beaucoup de verbes en ई et ऊ. Ex. ल्नी, s'attacher, ल्नीन ; लू, couper, लून,

4° Ceux en आ ou diphthongue et commençant par une consonne et une semi-voyelle : ग्ले, dépérir, ग्लान.

5°. Quelques racines en *g*, *j*, *úr*, *urch*, *urv*. Ces dernières perdent *ch* et *v*, et comme celles en *r̄*, sont allongées. Ex. *turv*, *túrna*. *Lag*, s'attacher à, *lagna*. Mais *murch* fait *múrta*.

6° *Div*, s'amuser, fait *dyúna* ; *çwi*, gonfler, *çúna* ; *pyái*, engraisser, *pína*, *pyána* ; *há*, abandonner, *hína*.

193. II. *Participes en* त. — *Règles de formation.*

1° Le suffixe s'ajoute à la racine avec ou sans इ de liaison, à peu près aux mêmes cas que le ता du futur composé. Les ra-

(1) Certains verbes prennent des adjectifs de même racine comme participes passés. Ex. *Çushka* de *çush*, sécher, *pakwa* de *pac*, cuire.

(2) *Ard*, aller, employé avec un préfixe, prend *na* ; *anc* fait *akna*, *Chad* fait aussi *chádita*.

cines qui prennent le इ sont parfois gounées. Les dérivés ont généralement cet इ.

2° Les racines qui se contractent au parfait ont aussi le *samprasârana* à ce participe : वच्, उक्त, parler ; यज्, इष्ट, sacrifier ; प्रच्छ्, पृष्ट, demander.

Vad, parler, et *vas*, habiter, peuvent prendre l'*i* : *ushita*, ou *ushta*, etc. *Vaç*, vouloir, fait *uçita*.

3° Les finales ग्रम्, ग्रन् perdent souvent la nasale ; ग्र est allongé ou non. Ex. गम् fait गत ; हन्, हत ; जन्, जात.

D'autres fois la voyelle est allongée et la nasale reste :

Ex. क्रम्, क्रान्त ; श्रम्, श्रान्त (1).

4° Devant त la racine terminée par deux consonnes, perd la première, si c'est une nasale, et la seconde en tout autre cas. Ex. *bandh*, *baddha*, *murch*, *mûrta*. Cf. § 194, 5°.

La nasale tombe aussi quelquefois devant *ita*. Ex. *manth*, baratter, *mathita*, etc.

5° Quelquefois *á* et les diphthongues s'amincissent en *i* ou *î* ; elles tombent parfois après *y, v*, et ces derniers deviennent *i, u*. Exemples :

sthâ,	*stare*,	sthita.	çyâi,	*être froid*,	çita (çîna).
dhâ,	*poser*,	hita.	vyê,	*tisser*,	vîta.
mê,	*échanger*,	mita.	vê,	*id.*	uta.
dhê,	*boire*,	dhîta.	hwê,	*appeler*,	hûta.
gâi,	*chanter*,	gîta.	çrâi,	*cuire*,	çrta.

Dâ fait *datta* et après un préfixe, *tta* ; l'*i* et l'*u* du préfixe s'allongent : *pratta, nîtta, anûtta*, pour *pradatta, nidatta*, etc.

6° Les règles du § 63 sont observées :

Ex. नह् fait नड्‌ः ; उह् fait उग्ध ; लिह् fait लीढ.

7° Les verbes de la 10° classe changent *aya* et les fréquentatifs, *ya* en *i* (2).

Ex. चोरयामि fait चोरित ; नाययामि fait नायित.

(1) Se fatiguer.
(2) Les dénominatifs peuvent ou non perdre *ya*.

194. IV. *Participe futur passif.* Il a quatre formes : तव्य, अनीय, य, एल्तिम.

1° तव्य (τεος) s'ajoute à la racine généralement gounifiée, avec ou sans इ. Cette forme suit presque toutes les règles du futur composé.

Ex. स्तु fait स्तोतव्य; दो fait दातव्य.

195. 2° अनीय s'ajoute à la racine ordinairement gounifiée; une diphthongue finale se change en आ : सिच् (1), सेचनीय; धे, धानीय.

196. 3° य (त्य devant les voyelles brèves) s'ajoute à la racine gounifiée si elle se termine par une des voyelles इ, ई. उ, ऊ qui donnent alors ए ou अय्, et अव् : नी, नेय; नु, नव्य.

आ et les diphthongues se changent en ए : दो, देय.

ऋ et ॠ font आर्य.

Les voyelles इ, उ, ऋ médiales ou initiales sont gounifiées ou non (2).

Après *i* et *u* gounifiés les palatales se changent en gutturales. Ex. *bhuj* : *bhôgya, bhujya,* jouir.

a médial peut être allongé quand il est suivi d'une seule consonne qui n'est pas une labiale. *Tya* s'ajoute à la racine brève sans changement : स्तु, स्तुत्य, louer. Cf. § 187. Il s'emploie avec इ, aller, जि, vaincre, et quelques verbes en उ et en ऋ.

Exemples :	nî	— néya.	tṛ	— târya.
	stu	— stavya *ou* stutya.	bhuj	— bhujya, bhôgya.
	kr	— kârya *ou* krtya.	i	— itya.

(1) Arroser.
(2) Les racines de la 6° classe qui ont *u* pour voyelle ne se gounent pas. On suit encore les principes du § 146. — *R* médial est rarement gouné devant *ya*.

tyaj, abandonner, fait *tyájya* ; *rc*, célébrer, fait *arcya*.

N. Le même suffixe *ya* avec la vriddhification de la racine indique la nécessité absolue; dans ce cas les palatales restent : पच्, पाच्य; नु, नाव्य.

197. 4° एल्लिम s'ajoute à la racine pure : भिद्, भिदेल्लिम.

CHAPITRE VII.

DES VERBES DÉRIVÉS.

198. Le sanscrit a quatre espèces de verbes dérivés qui méritent une attention spéciale. Ce sont : les *dénominatifs*, les *causatifs*, les *augmentatifs* ou *intensifs* et les *désidératifs*. Les premiers dérivent d'un nom, les trois autres d'un verbe.

§ 1. *Des dénominatifs.*

199. On appelle *dénominatifs* les verbes qui, dérivant d'un nom, expriment que l'on fait l'action ou que l'on a la qualité indiquée par le nom. Ainsi कुमार, *jeune*, forme कुमारयामि, *être jeune*. Ces dérivés peuvent aussi exprimer le désir ou l'assimilation.

Les suffixes qui servent à former les dénominatifs sont : अ, य, अय, स्य, अस्य, काम्य.

200. अ. Devant cet अ le अ final tombe ; les autres voyelles finales suivent les règles de la première classe (gounation) si le verbe y appartient. Ex. लोहित, *rouge*, लोहितामि; पितृ, पितरामि.

201. य. Les dénominatifs ainsi composés désignent soit un désir ou une assimilation (पतीयामि, *désirer un époux*, पत्नीयामि, *traiter comme une épouse*); soit la similitude d'action, de qualité, ou la production d'un acte, d'un état.

La racine subit les modifications suivantes :

i, *u* finals, ou suivis de *r*, *v*, sont allongés; *pati, patiyâmi*.

r final devient *ri*; *pitr, pitriyâmi*.

a et *â* deviennent *i*, et parfois *â*.

n final tombe et la voyelle s'allonge. — Ex. De *râjan* vient *râjâyâmi* ou *râjiyâmi*.

Il en est parfois de même de *s* final et de *t* dans le suffixe *at* : *payas*, eau , *payâyâmi*.

202. ग्रय (पय). 1o Racines monosyllabiques.

Les voyelles इ, उ, ई, ऊ, ऋ, ॠ finales se vriddhifient.

a et *â* font *âpayâmi*.

> Ex. vâyayâmi, *de* vi, *oiseau*.
>
> kâpayâmi, *de* ka, *air*.

2o Polysyllabes.

Les radicaux polysyllabiques perdent généralement leur finale et même les suffixes entiers.

> Ex. pritayâmi, *de* priti, *joie*.
>
> çrâyayâmi, *de* çrimat *ou* çrî, *bonheur*.

203. स्य, ग्रस्य, काम्य. Ces suffixes forment des désidératifs. Le radical reste intact ; *a* final tombe devant *asya*. Exemple : *madhvasyâmi*, désirer du miel (de *madhu*).

§ 2. Des causatifs ou factitifs.

204. Le causatif indique que l'on fait poser un acte ou que l'on produit un état.

Il se forme de la racine, ordinairement renforcée, et des suffixes ग्रय, (ग्रा) पय.

1o *Forme* ग्रय. *a*) Les verbes en ग्रय ne prennent pas de nouveau suffixe (1).

---

(1) Le *ya* des fréquentatifs précédé d'une consonne tombe également. Celui des dénominatifs, dans le même cas, tombe ou reste à volonté.

Gouna. I. *Racines en consonne.* La voyelle médiale brève est gounée ; ऋ devient ईर् ; अ est souvent allongé (1).

II. *Racines en voyelle.* Elles sont vriddhifiées ; ऋ devient आर् ou ऊर् selon la règle ; अ tombe.

Ex. vid, vêdayâmi, *faire savoir.* — pr̄, pûrayâmi, *faire remplir.*

strh, stîrhayâmi, *faire blesser.* — nî, nâyayâmi, *faire conduire.*

pad, pâdayâmi, *faire aller.* — lôhita, lôhitayâmi, *rendre rouge.*

Quelques racines en *â* ou en diphthongue font *âyaya.*

pâ, *boire*, pâyayâmi.

sô, *finir*, sâyayâmi.

205. 2° *Forme* (आ) पय.

Les racines en आ ou en diphthongue font आपय et parfois अपय. Ex. दा et दो font दापयामि. स्ना et आ font स्नपयामि, अपयामि.

En outre *mi*, jeter, *mî*, blesser, *dî*, périr, *ji*, vaincre, *krî*, acheter, perdent la voyelle : *mâpayâmi, dâpayâmi*, etc.

Dans quelques autres racines elle se conserve et se gounifie :

hrî, *avoir honte*, hrêpayâmi.

knûy, *puer*, knôpayâmi.

206. Bon nombre de causatifs sont formés d'une manière irrégulière. Quelques-uns ont plusieurs formes :

adhî, *lire*, fait adhyâpayâmi.

jnâ, *connaître*, xâi, *dépérir*, ainsi que çrâ, çrâi, snâ *et* glâi *prennent* apayâmi. *Ex.* jnapayâmi (2), *etc.*

ci *fait* câpayâ, capayâ, câyayâ, cayayâmi.

ruh, *croître*, fait rôhayâmi *et* rôpayâmi.

smi, *sourire, et* bhî, *craindre*, font âyayâmi *et* âpayê (smâyayâmi).

(1) Ceux en *am* conservent l'a bref généralement. Ex. *klam, klamayâmi.* — (2) Parfois *jnâpaya*

Han *fait* ghâtayâmi.

D'autres verbes ont le gouna au lieu de la vriddhi, ou le contraire.

Il en est enfin qui allongent simplement la voyelle. Ex. :

smr, *se souvenir*, smarayâmi, *au lieu de* smârayâmi.

mṛj, *effacer*, mârjayâmi, — marjayâmi.

duṣh, *se pervertir*, dûṣhayâmi, — dôṣhayâmi.

§ 3. *Du désidératif.*

207. Les désidératifs expriment le désir de poser l'acte indiqué par verbe dont ils dérivent. Ils se forment de la racine redoublée et du suffixe स् ou इष् (*i* inséré). Ils prennent en outre le suffixe अ et suivent la conjugaison de la 6ᵉ classe.

Ex. या, aller, यियास, désirer aller, यियासामि, यियाससि;

सु, सुसुषामि, etc.

208. A. REDOUBLEMENT. Pour la consonne on suit les principes du § 168.

La voyelle du redoublement est इ ou उ. Elle est उ pour les verbes qui ont cette lettre dans la racine et इ pour tous les autres (2). Ex.

पच्, पिपच्; कृप्, चिकृप्

Si la racine commence par une voyelle on suit les règles de l'aoriste de la troisième forme : *ard, ârdidish*; *abhr, abibhrish*. — La consonne se règle sur celle de la racine qui suit le redoublement.

(1) L'initiale du radical d'un désidératif ne se change point en *sh* quand le suffixe caractéristique *s* subit cette transformation. Ainsi le désidératif de *su* sera *susùsh* et non *sushùsh*.

(2) Les radicaux en *av* ou *âv*, de dérivés provenant d'une racine en *u*, prennent *u* au redoublement s'ils commencent par une consonne autre qu'une labiale ou *j*. Ex. *nàvaya* (de *nu*) fait *nunávayish*; mais *pávaya* (*pú*) fera *pipávayish*; *yávaya, yiyávayish* (de *yu*, joindre). *dru*, courir, *plu*, naviguer, *çru*, entendre, *cyu*, se mouvoir, *sru*, couler, prennent *i* ou *u* dans leurs dérivés en *av* ou *âv*.

— 104 —

B. *Insertion de* इ (सु् — इषु्). Elle a lieu quand le verbe est un dérivé et généralement quand il finit par une consonne. ऋ final peut prendre ई.

Ex. मृ, frapper, मिम्रिषु् ou मिम्रीषु्.

Dans les racines en *iv* et quelques autres en consonne l'*i* est facultatif. Plusieurs verbes le rejettent complètement.

C. *Modification de la racine.* 1° Suffixe *ish (ish).* Les voyelles initiales et médiales brèves et les finales sont gounées (§ 146). Ex. *drç didarçish; smi, sismayish.*

Except. Un certain nombre de verbes ne prennent pas le gouna. *I* et *u* médials peuvent rester sans changement; *a* final d'un radical tombe; *ya* est traité comme dans les causatifs (v. 204, note). Ex. *namasya, namasyish* ou *namasish.*

2° *Suffixe s (sh* dans le cas de § 68). Les *voyelles médiales* restent; ऋ devient इर्. Les *voyelles finales* इ, उ, sont allongées; ऋ et ॠ deviennent इर् ou उर्; les diphthongues font आ. Les règles du sandhi sont observées. *S* final se change en *t* comme au § 65. Ex *drç, didrx* (cfr. *didarçish*); — *strh, tistirx*; — *su, susùsh*; — *pr, pupùrsh*; — *bhid, bibhits*; — *pac, pipax*; — *vas, vivats*; — *çî et çô, ciçás.*

209. FORMATIONS IRRÉGULIÈRES, *Iv* final fait *yùsh.* Ex. *div, didyùsh.* Beaucoup de verbes changent simplement la voyelle *a* en *i* ou *î.*

Ex. : *çak, pouvoir, çix*; — *pat, tomber, et pad, aller, pits*; — *rabh, saisir, rips*; — *râdh, achever, rits*; — *âp, atteindre, îps*; — *dâ, dè, dô, dhâ, dhé, mâ, mi, mî et mê ont* its : *dits, dhits, mits* (1).

D'autres verbes raccourcissent la voyelle médiale :

Ex. : *(swap), sushups*; — *(prach), piprcchish.*

(1) Sept verbes, primitivement désidératifs, ont perdu leur premier sens tout en conservant leur forme. Ce sont :

cikits, *guérir.*	dîdâns, *être droit.*	çiçâns, *aiguiser.*
jugups, *mépriser.*	bibhats, *détester.*	
titix, *supporter.*	mîmâns, *s'informer.*	

H initial devient *gh* dans *hi*, pousser, et *han*, tuer. *Hi, jighîsh;* — *han, jighâns;* — *di*, périr, fait *didâs* et *didish*.

210. *Redoublement irrégulier*. Ex. : *div, dudyûsh ; majj, ma-maγksh ; i, îshish*.

Plusieurs de ces verbes ont en outre la forme normale. Ex. : *didêvish (div), çiçakish (çak), rirâts (râdh)*, etc.

§ 4. *De l'intensif*.

211. L'intensif sert à renforcer l'idée exprimée par le verbe. Il se forme en redoublant la racine et en amplifiant le redoublement soit par l'adjonction d'une nasale, soit par la gounation de la voyelle ou son allongement si c'est un आ.

Ex. बोबुध्, de *budh*, चञ्चल् ou चाचल्, de *cal*, vaciller.

En outre un र ou री de liaison est quelquefois inséré entre les deux éléments de l'intensif. Ex. : चनिचल्, पनीपद्.

Les verbes commençant par une voyelle n'ont pas d'intensif, non plus que les verbes à radicaux polysyllabiques et les dérivés.

Radical de l'intensif.

212. 1° *Intensif de l'actif*. Il se compose de la racine redoublée.

A. RACINE. Elle reste généralement sans changement; les diphthongues deviennent आ.

B. REDOUBLEMENT. *Consonne*. On suit encore ici les règles du § 160.

Voyelle. Toute racine contenant *i* prend *ê*. Ex. : *diç fait* dêdiç; — *pâin fait* pêpâin.

Toute racine contenant *u* prend *ô*. Ex. : *duh fait* dôduh.

Toute racine contenant *a, â, r̄* prend *â*, Ex. : *tr̄ fait* tâtr̄; — *dê fait* dâdâ.

R et *l* prennent *ar, al*, ou *ari, ali* et quelquefois *arî, alî*. Ex. : *Kr fait* carkr *ou* carikr.

Les racines en *ay, ar* ou *al* prennent *an* ou *â*. Ex. : *Cal fait* cañcal *ou* câcal.

Celles qui ont *a* suivi d'une nasale gardent ces deux lettres au redoublement et la nasale peut être traitée comme *m* au § 48. Ex. : Gam *fait* jaɣgam ; yam *fait* yamyam.

213. 2° *Intensif du moyen.* Le moyen prend le suffixe य (*yê*) et suit à peu près les règles de formation du passif.

ऋ devient री et ग्रर् après deux consonnes.

ऋ devient ईर् ou ऊर् ; les nasales médiales peuvent tomber.

Les finales इ, उ s'allongent. Comp. § 177-180.

Le redoublement suit les modifications de la racine.

> Ex. : dâ, dêdîyê ; — nu, nônûye ; — stu, tôshtûyê.
>
> pṛ, pôpûryê, — kr, cekrîye ; — smr, sâsmaryê.

CONJUGAISON. 1ᵉʳ *Intensif.* Il se conjugue comme les verbes de la troisième classe. Ex. : दोदोल्मि, दोधोल्ति, etc.

On peut aussi, aux formes fortes, insérer un ई entre le radical et les suffixes commençant par une consonne. Ex. दोडुह्रीमि, दोडुह्रीषि, etc.

En ce cas la racine ne reçoit pas le gouna devant une voyelle. Voy. § 149, *c.*

2ᵉ *Intensif.* Forme य. Les temps spéciaux se conjuguent selon les règles de la quatrième classe. Aux temps généraux le *ya* formatif tombe entre une consonne et une désinence commençant par une voyelle ; *a* tombe seul après une voyelle autre que ऋ.

> Ex. Rad. चल्. Intensif चाचल्ये. Aoriste चाचलिषि.

§ 5. *Dérivation secondaire.*

D'un verbe dérivé on peut former un dérivé nouveau par l'adjonction d'un second suffixe. Des dénominatifs, des causatifs ou des intensifs on peut former des désidératifs. La formation a lieu selon les règles, mais les intensifs ne prennent pas un second redoublement. Ex. नोनूयू fera नोनूयिष. On peut ainsi faire des causatifs de causatifs, de dénominatifs, etc. Les causatifs ne prennent pas une seconde fois le suffixe अय (§ 204).

Ex. पादय, *faire aller*, fera au désidératif पादयिष.

— — — — causatif पादय.

Drç fait au désidératif *didarçish.*

— — au causatif du désidératif *didarçishaya.*

CHAPITRE VIII.

PARTIES DU DISCOURS INVARIABLES.

§ 1. *Adverbes.*

214. La classe des adverbes se compose :

1° de noms employés adverbialement à certains cas, spécialement à l'accusatif, à l'instrumental et à l'ablatif.

Ex. आशु, vite; उच्चैस, haut; दक्षिनात, à droite.

L'accusatif neutre des adjectifs s'emploie fréquemment de cette manière.

2° de noms simples qui ne sont plus employés qu'à certains cas avec un sens adverbial et de composés du même genre.

Ex. अलम, assez; अन्येद्युस, un autre jour (de *anyas* et *div*).

5° de mots dérivés formés au moyen de suffixes adverbiaux et provenant de radicaux nominaux ou pronominaux.

Ex. अन्यत्र, ailleurs, de *anya*; तथा, ainsi, de *ta*.

4°d'adverbes proprement dits dérivant de radicaux pronominaux.

Ex. अधो, en dessous; अति, fortement.

5° Le sanscrit admet enfin la formation de nombreux composés adverbiaux. Voy. chap. X.

215. Les principaux suffixes adverbiaux sont :

1º अ et त्र ou त्रा désignant le temps et le lieu.

Ces suffixes se joignent aux noms comme aux déterminatifs.

Ex. क्व, où, quand; अत्र, là. alors; पुरुषत्रा, parmi les hommes.

2º तस्, désignant l'origine, la cause et quelquefois le lieu :

Ex. ततस्, inde; ग्रामतस् (1), du village; चारित्रतस् (2), à cause
de la conduite.

3º थम्, था, indiquant la manière : इत्थम्, तथा, ainsi.

4º दा, दानीम्, désignant le temps : तदा, alors; इदानीम्, maintenant.

5º धा, यस्, formant des adverbes distributifs et partitifs :
द्विधा, en deux; द्विधस्, en deux, deux par deux.

6º तात्, ह, des adverbes de lieu : इह, ici; परस्तात्, ailleurs.

7º हि indique une généralité indéterminée : कर्हि, de quelque
manière, à quelque temps que ce soit.

8º सात् et वत्. Ajoutés à la fin d'un nom, sât (3) indique l'iden-
tification; vat, la similitude. अग्निसात् भू, devenir tout feu;
अग्निवत्, comme le feu. Ils s'ajoutent au radical.

216. Les principaux adverbes de la quatrième classe sont :

atïva,	beaucoup.	adhunâ,	maintenant.
it,	ainsi.	adha,	alors.
ittham,	—	api,	même, aussi.
êva, êvam,	—	apitu,	— —
addhà,	vraiment.	gha,	au moins,

(1) De *grama*, village. — (2) De *cáritram*, conduite.
(3) L'initiale s de ce suffixe ne se change jamais en *sh*.

kila,	certes.	nâpi,	pas même.
khalu,	—	vâi,	bien.
núnam,	—	sîm,	alors.
jâtu,	jamais.	ha,	précisément.
nô,	non (de nau).		

§ 2. Prépositions.

217. Les prépositions sanscrites sont ou des formes d'origine pronominale ou des cas soit d'adjectifs soit de noms. Exemples : ब्रत्तिकात् (abl.) *en face de*; मध्ये (loc.), *au milieu de,* etc. Ces prépositions s'unissent à tous les cas indirects. Le datif toutefois ne s'emploie que très-rarement.

218. S'emploient : *a)* Avec l'accusatif :

ब्रनु, après, le long de, suivant; ब्रधोधस्, en dessous de; ब्रतरा, ब्रतरेण, entre, sans; ब्रभितस्, selon; परितस्, autour ; सर्वतस्, de tous les côtés de; ब्रभि, après, contre ; ब्रधि, au-dessus de ; तिरस्, à travers. — Ces deux dernières régissent aussi le locatif.

219. *b)* Avec le génitif ;

कृते, à cause de; उपरि, उपरिष्टात्, au-dessus; ब्रधस्, ब्रधस्थात्, dessous ; पुरस्, पुरस्थात्, devant, et autres termes de lieu formés de l'instrumental ou de l'ablatif d'adjectifs ou au moyen du suffixe *tas* : दक्षिनतस्, à droite; दूरेण, loin; पश्चात् après; दक्षिना, à droite.

c) Avec l'instrumental :

Toutes celles qui signifient avec, en même temps que : ब्रमा, समम्, सह, etc. सचा prend aussi l'ablatif et le locatif : — ब्रलम्. assez de. (Quelquefois avec le datif).

d) Avec l'ablatif :

ब्रप, loin de ; ब्रव, en bas de; ब्रा, jusqu'à; ब्रारात्, près; वहिर्, hors de. — प्राक्, à l'orient de, et autres désignations des points cardinaux de même forme.

e) Avec l'accusatif ou le génitif :

ऋते, sans ; दक्तिनेन, au midi de ; उत्तरेण,au nord de ; अधरेण, par dessous.

f) Avec l'accusatif, l'instrumental ou l'ablatif :

विना, sans ; पृतक्, sans, à part ; नाना, beaucoup de, différent.

220. *g)* Avec l'accusatif, l'ablatif et le génitif :

दूरम्, दूरे, loin de ; अन्तिकम्, अन्तिके, près, en face de.

Les suivantes changent de sens selon le cas qu'elles régissent : अनु (accusatif), après, suivant ; (ablatif), pour, avec ; — उप (accsatif), sous, contre ; (locatif), au-dessus ; — परि (accusatif), autour, contre ; (ablatif), loin de, en dehors, excepté ; — प्रति (accusatif), contre, vers ; (ablatif), pour, au lieu de, comme.

221. Les substantifs employés comme prépositions se construisent généralement avec le génitif : *Artham*, à cause ; *agrê*, en tête de, etc.

§ 3. *Conjonctions.*

222. Les principales conjonctions sont :

1. *Disjonctives :*

अथवा, ou bien.
वा, ou.
अह्ो, ou, peut-être.
आह्ो, —
उताह्ो, —
उत, ou plutôt.

2. *Copulatives :*

च, et (que).
उत, et aussi.
अथो, —

3. *Adversatives :*

अथ, तु, mais.
अथवा, à moins que.

4. *Causatives :*

यथा, comme, afin que.
हि. donc.
तद्,तेन, c'est pourquoi.
यद्, येन, parce que.

5. *Conditionnelles :*

चेत्, si.
यदि, —

6. *Interrogatives :*

अह्ो, उताह्ो, an, num.
खित्, —

7. *Négatives :*

न, नो, नहि, non, ne pas.
नेत्, si ce n'est que.

8. *Comparatives :*

इव,comme (se place après l'objet auquel on compare).
यथा, de même que.

9. *Explétives :*

इद्.
उ, उत.
स्म.
तु (δε), mais.
नु, bien.
वै, —

§ 4. *Interjections.*

223. *Interpellation* : anga, pâd, hê! hâi!

   Exhortation :   anga, arê, hanta!

   Admiration :   ahô, hî!

   Douleur :   ahâ, vata, hâhâ!

   Blâme, dégoût : dhik (fi!), hû, hum!

   Compassion :   vata, hanta!

   Colère :   ûm!

   Salut :   çam.

Dhik s'emploie avec l'accusatif ou le vocatif du nom ; *çam* avec le datif ou le génitif.

CHAPITRE IX.

—

DE LA FORMATION DES MOTS.

—

DES MOTS PRIMITIFS ET DÉRIVÉS.

§ 1. *Des mots primitifs.*

224. Les mots sanscrits sont, en général, composés de l'élément matériel, la racine, et de l'élément formel, le suffixe de formation qui donne à la racine un sens déterminé et assigne au mot sa fonction dans le discours.

Quelques mots se composent de la racine seule ; mais il est à présumer, pour la plupart du moins, que le suffixe qui les affectait à l'origine est tombé par suite des lois euphoniques de la langue. Ainsi le suffixe *s* du nominatif a disparu des noms terminés par une consonne.

Les mots formés par l'adjonction directe du suffixe à la racine sont dits primitifs. Ceux qui proviennent de l'adjonction d'un suffixe à un mot déjà fait sont appelés *dérivés*.

225. Les suffixes des mots primitifs servent soit à désigner directement l'agent ou l'acte, soit à appliquer la notion de l'action à une classe spéciale d'êtres dont ils forment la désignation propre. Ainsi *jagat*, le marcheur, (de *gam*) désigne spécialement le monde, et *kara*, faiseur, (de *kar*) la main. Les premiers sont appelés par les grammairiens sanscrits du nom particulier de *krt*; les seconds sont dits *unâdi* (1).

On ne compte pas moins de trois cents de ces suffixes thématiques, mais bon nombre d'entre eux ne sont rien moins que des suffixes simples; par ex. : *aγga* dans *pataγga*, oiseau; *âku*, dans *prdâku*, léopard, etc.

226. Dans la formation des mots primaires les racines subissent de nombreuses modifications; les voyelles sont parfois allongées ou amplifiées, parfois amincies; des voyelles et nasales finales sont supprimées. Souvent un *i* est inséré entre la racine et les suffixes commençant par une consonne autre que *s* et *v*. Les règles du sandhi sont généralement observées dans l'adjonction du suffixe.

Les palatales finales sont changées en gutturales, etc., etc. Ex. पाक, cuisson, de पच्; पोत्, purificateur, de पू; नायक de नी; इष्टम्, offrande, de यज् (samprâsarana); गति, marche, de गम्; भक्ति, dévotion, de भज्; भणिति, parole, de भण, etc.

Les racines finissant en voyelles brèves prennent souvent un *t*.

Ex. विश्वजित् de जि, vaincre.

(1) C'est-à-dire : dont *u* est le premier (dans la liste dressée par les grammairiens hindous).

§ 2. *Des mots dérivés.*

227. Les mots dérivés sont ceux qui proviennent de mots déjà faits; ils sont formés par l'adjonction d'un suffixe au radical du premier mot. Les suffixes qui servent à la dérivation des mots, sont appelés *taddhitas*.

228. La formation d'un mot dérivé réclame généralement la vriddhification de la première syllabe du mot primitif. En ce cas le इ et le उ changés en semi-voyelles deviennent ऐय्, औव्.

Ex. पौरव de पुरु; सौभग्यम् de सुभगस्; वैयुष्ट de व्युष्ट.

Les dérivés sont généralement formés du thème le plus faible.

Ex. राज्ञक de राज्ञन्; उदीच्य de उदच्.

Les radicaux subissent diverses modifications. Les finales अ, आ, इ, ई tombent devant une voyelle ou un य; उ, ऊ font अव्; ए devient ऐय्. Souvent un इ est inséré avant le dernier suffixe et remplace même la voyelle finale. Les règles des §§ 49-69 sont observées.

Ex. वार्षिक de वर्ष; रज्जिमन् de ऋज्जु; भैरव de भीरु.

TABLEAU DES PRINCIPAUX SUFFIXES SANSCRITS.

A. SUFFIXES DE FORMATION.

(Krts, unâdis).

229. Les principaux de ces suffixes sont :

1° अ, d'un usage très-fréquent, indique une qualité ou une manière d'être permanente.

2° Les suffixes formant des *nomina agentis* :

अक : नायक, conducteur, de *ni*.

अएउ : भरएउ, Dieu, de *bhr*. — अत, अथ; गमथ, voyageur.

व्रत : वसन्त, printemps. — व्रन (masculin) : रमण, qui réjouit.

व्राक : ञल्पाक, bavard. — व्रायूय : व्रवायूय, auditeur.

इ, surtout dans les formes redoublées ; ञञ्ञि, चक्रि, etc.

इक : खनिक, qui creuse. — इनु, नु : कनु, travailleur.

इन् : त्यागिन्, qui abandonne.

उक : ऊक, marque tendance à ; कामुक, désireux ; वावदूक, bavard.

त : वात, vent ; त : दात, qui donne.

ल, इल्ल : कोकिल, coucou ; वर : ञिवर, vainqueur.

3° Ceux qui forment des noms abstraits : व्रथु : वमथु, vomissement.

व्रन (neutre) : भवनम्, existence ; व्रना (fém.) : कारणा, le faire faire.

व्रा (f.) : इच्छा, désir.

इ (avec la racine *dhâ*) : विधि, loi, et dans certaines expressions propres aux phrases interrogatives. Ex. : कारि, action.

ति (noms d'action), गति, venue. — न, ना : यत्न, effort.

या (f.) : विद्या, science.

4° Désignent l'instrument : त्र, त्रा, त्री et इत्र. मन् pour certains mots : ञन्मन्, naissance ; योक्त्र, joug.

5° Forment des adjectifs proprement dits et des adjectifs pris substantivement, de différentes espèces :

व्रत : नन्दयत, qui réjouit.

व्राऊ : व्रराऊ, nuisible.

व्रालु : दयालु, compatissant.

इ : सासहि, patient.

इर : इल्, व्रगिर, marcheur ; कलिल्ल, mêlé.

उर, उल्ल : भङ्गुर, brisable.

त्रिम : उप्त्रिम, fait en cousant,

नत् : स्वप्नत्, enclin au sommeil.

म : भीम, redoutable.

मर : घस्मर, gourmand.

र, इर, रु, रूक : दीप्र, brillant ; भीरु, craintif.

वन् : यइवन्, qui a sacrifié.

वर : भास्वर, brillant.

वि : कीर्वि, qui répand.

नु : ग्लास्नु, fatigué.

नु : त्तिप्नु, qui fait obstacle.

6° Forment des substantifs de différentes classes :

व्रस् : वचस्, parole ; वासस्, habillement.

इष : मष्हिष, buffle.

इस् : पाथिस्, mer

इ : विधि, loi ; निधि, dépôt ; ब्रार : सह्रोर, patient.

गिरि, montagne.

म (cf. 5°) : भाम, lumière.

इर : क्षिदिर, glaive.

रू : रूरू, antilope.

इल (cf. 5°) : गितल्ला, départ.

सि : ब्रक्ति, œil.

B. SUFFIXES DE DÉRIVATION.

(Thaddhitas).

230. Les grammairiens hindous rangent, parmi les suffixes de dérivation, des formes qui sont de vrais mots ayant un sens déterminé, mais qui, pour la plupart, ne s'emploient plus isolément. Ce sont :

कड़ूया, signifiant une foule.

दग्न et ह्रयस, mesure.

काएउ, semence.

दर्गीय et देग्य, diminutif de quantité.

खएउ, un certain nombre.

गोयुग, paire, couple.

याम (corde), marque mépris.

गोष्ट, troupeau.

विध, habité par.

चण et चञ्चुस, renommé par.

म्राकठ, champ.

चर, indiquant une chose passée.

पड़्गव, un certain nombre.

ज्ञातीय, signifiant race.

स्कन्ध, une foule.

ज्ञाह्, origine, racine.

231. Des suffixes de dérivation proprement dits, les uns ont été déjà vus aux chapitres des adjectifs, des verbes, des formes verbales dérivées et des adverbes ; nous n'y reviendrons pas.

Les principaux d'entre les autres sont :

ग्र. Ce suffixe, le plus fréquemment employé, forme des adjectifs et des noms et sert à exprimer un très grand nombre de rapports : provenance, appartenance, origine, habitation, but, etc., etc. Dans cette foule de mots on distingue :

1° Des noms patronymiques et des noms de fruits. Ex. वासिष्ठ, descendant de *Vasishtha* ; ग्रास्त्थ, fruit de l'*açvattha*.

2º Des qualificatifs provenant de verbes et de noms et des noms indiquant la manière d'agir de l'objet qu'ils désignent : वास्त्र, couvert de vêtement ; पान्थ, voyageur.

3º Des noms neutres abstraits ou collectifs : रोग, maladie, de *ruj*, rompre ; आश्व, troupe de chevaux, de *açva*, cheval.

अक. Voyez *ka*.

अड formant des diminutifs de noms de personne. Ex. : वरुणड, de *varunadatta*.

आल et आलु désignant possession : वाचाल, bavard.

इ formant des adjectifs indiquant la provenance, la descendance : दाक्षि, descendant de *Daxa*.

इक forme : 1º des neutres collectifs. Ex. : आश्विकम्, troupe de chevaux ; 2º des adjectifs de temps, de quantité, de valeur et d'autres encore exprimant des rapports divers avec un objet ou un concept. Ex. : मासिक. d'un mois, de *mâsa* ; आसिक, armé d'une épée, de *asi*.

इका (fém.) désigne une situation, une qualité : गार्गिका.

इत et इन marquent possession : तारकित, pourvu d'étoiles.

इन् et ses développements *min* et *vin* forment des possessifs : बलिन्, fort, de *balam*, force. *In* désigne aussi l'agent.

इम désigne la situation, la provenance et la possession : अग्रिम, qui est en tête.

इमन् forme des noms abstraits dérivés d'adjectifs : ऋजिमन्, droiture, de *rju*, droit.

इय désigne la situation. la convenance. Ex. यज्ञिय, propre au sacrifice, de *yajna*.

इर, इल, ईर, ईल, उर, उल, ऊल (voyez *la*, *ra*).

ई forme des noms abstraits : औचिती, convenance.

ईक. Voyez *ka*.

ईन indique un rapport d'appartenance ou de lieu. Ex. ग्रामीण, villageois ; मौद्गीनम्, champ de fèves.

ईय indique un rapport de convenance, d'appartenance, de destination.

एय a la même valeur et forme en outre des patronymiques et des collectifs. Ex. आत्रेय, descendant d'*âtri*.

एयक indique un rapport de lieu ou de convenance. Ex. नागरेयक, citadin.

एयिन्, एर, ऐर forme des noms propres, des patronymiques et des diminutifs.

क et ses amplifications अक, इक, उक forment de nombreux adjectifs et substantifs désignant différentes espèces de rapports. क forme aussi des collectifs et des diminutifs. Ex. : बालक, petit enfant ; वात्सकम्, troupeau de veaux. Il sert aussi à indiquer le nombre de fois : द्वितीयकम्, la deuxième fois, etc. ; उक est très-rare.

किन् et कीय forment quelques adjectifs indiquant possession ou rapport de lieu.

तन et न indiquent un terme de temps. Ex. दोषातन, nocturne ; चिरन्, âgé, tardif.

तय se joint aux déterminatifs de nombre pour former un collectif numéral : द्वितयम्, un couple.

ता, ताति et त्वम् forment des noms abstraits indiquant la manière d'être. Ex. : राज्वम्, royauté ; शिवताति, salut.

त्य forme des adjectifs dérivés d'adverbes ou de prépositions. Ex. : तत्रत्य, qui est là ; नित्य, etc.

Avec l'adjonction de का il forme अधित्यका et उपत्यका, indiquant la position.

थ्या indique groupe, troupe. अजथ्या, troupeau de chèvres.

न indique possession et convenance : पाम्न.

म forme les ordinaux et des adjectifs indiquant une situation : अवम, dernier, mauvais.

मत् indique possession : मतिमत्, sage, de *mati*, intelligence.

मय indique l'origine, la matière dont un objet est composé : आम्रमय, fait d'*âmra*.

य forme des patronymiques, des noms abstraits et collectifs et des adjectifs de différents genres : ब्राह्मन्यम्, corps de brahmanes; राजन्यम्, famille de rois; दिव्य, céleste.

या forme des collectifs. Ex. : वन्या, masse d'eau.

र et ल indiquent possession d'une qualité ou d'un objet; de même leurs élargissements :

इर, इल, ईर, ईल, उर. Ex. रथिर, possesseur de char.

व, वत्, वल et विन् indiquent la possession. *Vin* s'applique surtout aux mots en *as* : *têjasvin*, plein d'éclat.

म ; même valeur : लोमम्, poilu.

स indique la possession des qualités d'un objet : वनस, sylvestre.

On trouve en outre अकि, आयन, आयनि, आयन्य, इनेय, कायनि, कि et यानि formant des patronymiques : वारुडकि, descendant de *Varuda*, etc., etc.

CHAPITRE X.

DE LA COMPOSITION.

232. Le sanscrit est de toutes les langues aryaques celle qui se prête le mieux à la composition des mots. Non-seulement elle admet tous les genres de composition ordinaires, mais elle permet encore de réunir en un seul mot tout un membre de phrase, quelquefois même deux membres de phrase dépendants. C'est ainsi que *Jáyadêva* comprend dans un seul composé tout ce qui suit : « O toi qui as fait naître la purification des hommes, de l'eau qui sortit des ongles de tes pieds. » V. *Gîtagô-vinda*, I, 9.

La composition proprement dite se divise en verbale, nominale et adverbiale, selon qu'elle sert à former des verbes, des noms substantifs et adjectifs, ou des mots invariables.

233. I. *Composition verbale.*

A. Le premier terme du composé verbal peut être un préfixe adverbial ou un nom.

Les principaux préfixes verbaux sont :

अ, अन्, privatif.
सु, bien (εὖ).
आ (2), à, contre, jusqu'à.
प्रति, vers, contre (προτί).
उत्, de bas en haut.
अधि, vers, au-dessus de (ad 8) (abrégé : धि).
अनु, à la suite, selon (ἀνά).
परि, autour (περί).
अव, de haut en bas (parfois व).
निस् (निर्), hors de.

सम् (1), copulatif (cum, ἅμα),
दुस् (दुर्), mal (δύς).
अभि, vers, contre (ἀμφί).
उप, sur (cf. ὑπό).
अपि, sur, contre (ἐπί) (abrégé : पि).
अति, au-dessus, par-dessus (cf. ἔτι).
प्र, devant, en avant (πρό).
अन्तर्, à l'intérieur, entre (inter).
अप, loin de, de (ἀπό, ab).
नि de haut en bas.
वहिर्, en dehors.

वि. marque, séparation, privation. — Ce suffixe est aussi parfois aug-
mentatif : *vimahat*, très-grand. (Comp. *ve cors*).

Les prépositions अच्छ, vers; तिरस्, à travers, au sein de, caché;
पुनर्, après.

B. Ce premier terme peut être aussi un substantif ou un adjectif. Les verbes qui s'emploient de la sorte sont spécialement
अस्, भू et कृ. — Le nom prend généralement la forme du thème
faible.

(1) Devant *kr*, faire, *kṝ*, répandre, les prépositions *apa*, *upa*, *pari*, *prati* et *sam* prennent un *s* final. Ex. *apaskarómi*, *pratishkarómi*, etc.

(2) Devant un radical formé du préfixe *á* et d'un thème commençant par *i* ou *u* la finale *a* ou *á* du mot précédent disparaît. Ex. *apa* et *ódha* (de *á udh*) font *apódha* et non *apáudha*.

La voyelle finale du thème nominal se change ordinairement en इ (ऋ donne री) ou s'allonge si c'est un उ. Ex. : राज्ञीकरू, faire roi ; लघूकरू (de लघु), alléger. Les règles du sandhi sont naturellement observées.

On unit également au verbe *kar*, faire, les interjections exprimant des bruits ou des cris et beaucoup d'autres mots qui forment avec le verbe des idiotismes dont une grammaire abrégée ne peut s'occuper.

Ex. *patatkr*, faire un bruit ressemblant à *patat*.

alaꜧkr, orner ; de *alam*.

II. *Composés nominaux.*

Ces composés peuvent être formés d'éléments divers, mais l'ensemble forme un nom substantif ou adjectif. Le terme final est ordinairement un mot de la langue ; parfois cependant ce n'est qu'une simple racine ou une forme inusitée. Ex. *prabhû* (de *bhû*), *çataghna* (de *han*).

Souvent la finale du dernier mot est modifiée. Un अ est ajouté à une finale consonnantique ou semi-vocalique où il remplace la finale. Ex. : गो donne गव ; सखि, राज्ञन् font सख, राज्ञ.

On rend brève une finale longue qui forme un composé neutre. Ex. : *dvigu*, de *dvigô*.

Les premiers mots ont généralement la forme de leur radical ou thème le plus simple. Parfois la voyelle finale est allongée. Ex. : मणीवक, de मणि. — ऋ dans les noms de parenté est changé en आ : पितामाता (p. पितृ) ; मह्ल्त् devient मह्ा, etc.

Les composés se divisent en :

1. Copulatifs (*Dvandva*).
2. Déterminatifs (*Karmadhâraya*).
3. Comp. de dépendance (*Tatpurusha*).
4. Possessifs (*Bahuvrîhi*).
5. Numéraux (*Dvigu*).

234.   A. Composés copulatifs (*Dvandva*).

Ces composés sont formés de plusieurs mots, sujets, prédicats ou compléments communs d'un même terme et dont le dernier seul reçoit les formes casuelles ; les autres étant employés au thème ou radical. Ex. *Sundôpasundâu, sunda* et *upasunda. — Dévagandharvamânushân drshtavantas,* ayant vu les dévas, les gandharvas et les hommes.

Le composé se met, comme on le voit, au duel ou au pluriel selon le nombre des composants et il prend le genre du dernier. Lorsque la finale est en consonne on ajoute souvent le suffixe *a*.

Ce genre de mot composé est aussi employé au neutre singulier lorsqu'il exprime des idées abstraites, ou désigne des êtres inanimés, des animaux de valeur minime, des personnes de rang inférieur, des idées opposées, etc. Ex. *Satyâsatyam,* vrai et faux ; *rajakatantravâyam,* teinturier et tisserand.

On trouve aussi des composés copulatifs au singulier formés de deux participes et désignant deux actions accomplies ou s'étant suivies immédiatement. Ex. *Gatapratyâgatas,* allé et revenu ; *snâtânuliptas,* s'étant baigné puis oint (*snâta anuliptas*).

235.   B. Composés déterminatifs et de dépendance (1).

I. *Composés déterminatifs* (karmadharaya).

Dans ces composés le mot déterminé, qui donne sa nature au tout, est un adjectif ou substantif ; le déterminant est un nom, un adjectif ou un mot invariable. Le déterminé se place ordi-

(1) Des grammairiens rangent ces deux classes parmi les *tatpurusha.*

nairement le dernier ; cependant il n'est pas rare qu'il forme la première partie du composé (1). Exemples :

अधोभुवन, l'enfer, le monde de dessous. — कृष्णलोहित, rouge noirâtre.

दुश्चरित, méfait. — महाराज, grand roi.

असम्प्रति, pas maintenant. — किम्पाक, non mûri, sot, de *páka*, mûr.

Ku, *kim*, *kâ* et *kat* employés comme préfixes donnent un sens défavorable au second composant.

236. II. *Composés de dépendance* (Tatpurusha proprement dits).

Dans ces composés le déterminant est avec le déterminé dans un rapport de dépendance qui peut être celui du complément direct, du complément indirect ou de l'un ou l'autre des compléments circonstanciels ; il peut donc remplacer tous les cas dépendants.

ग्रामगमी, qui va dans les villages. — अहिहत, tué par un serpent.

रथपतित, tombé du char.

Souvent le rapport entre les deux termes composants est indirect, et un troisième mot (adjectif, participe, etc.) est nécessaire pour expliquer ce rapport. Ex. :

कश्मीरेवाणिज, marchand qui trafique dans le pays de Kachemire.

Le premier terme du composé peut être une préposition qui régit le second. Exemples :

अतिराज, qui est au-dessus du roi. — अनुद्येष्ठ, qui a atteint la vieillesse.

(1) Cela a surtout lieu quand un des deux mots est un prédicat (adjectif ou substantif) indiquant la possession complète d'une qualité. Ex. *Bharataçréshtas*, le plus parfait Bharata ; *purushavyâghra*, un homme (ayant toutes les qualités du) tigre.

237.   C. Composés possessifs (*Bahuvrihi*).

Ces composés sont des adjectifs indiquant que l'être qualifié possède la qualité ou l'objet désigné. Ces mots sont formés du radical, d'un mot appartenant à l'une des quatre classes précédentes et d'un suffixe possessif.

बहुव्रीहि, qui a beaucoup de riz. — असिहस्त, ayant une épée dans la main. — महाबाहु, qui a un grand bras.

Le suffixe possessif est ordinairement अ qui absorbe la finale du composé. Ex. : कमलाक्ष, de अक्षि, œil. Souvent aussi le suffixe du second composant reste, ou ce dernier consiste en une racine pure. Ex. : द्विदत्, qui a deux dents. — Le suffixe क, अक s'emploie également.

Prennent, comme derniers composants, un radical en *a* : *axi*, œil ; *açri* ; *kuxi*, ventre ; *nâbhi*, nombril ; *sakthi*, suisse ; *mêdhâ*, intelligence ; *prajâ*, descendance ; *nêtr*, guide ; *divan*, jour ; *murdhan*, tête.

Perdent l'*a* final : *kakuda*, sommet ; *danta*, dent ; *pâda*, pied.

Prennent *an* pour *a* : *irma*, blessure ; *dharma*, loi ; *jambha*, dent.

Ces mots font donc : *axa*, *nabha*, *praja*, *nêtra*, *diva*, *dharman*, *kakud*, etc.

En outre *nâsika* fait *nâsa*, et *dhanus* (arc) fait *dhanvan*.

N. Il faut distinguer les numéraux des possessifs de même forme.

Ainsi : *dwigava*, numéral, signifie *deux vaches*.

dwigava, possessif, signifie *qui a deux vaches*.

238.   D. Composés numéraux (*Dvigu*).

Ces composés désignent un nombre d'objets indiqué par le premier terme. Ces mots prennent la terminaison du neutre singulier ou du féminin en *t.* Ex. त्रिरात्रम्, trois nuits (cp. *triduum*). — त्रिलोकी, les trois mondes.

III. *Composés indéclinables, adverbiaux* (avyayîbhâva).

259. Ces composés sont des mots employés adverbialement et dont le premier élément est toujours une particule invariable, adverbe, préposition ou conjonction.

अनन्तरम्, sans intervalle. — यथाविधि, conformément aux institutions.

240. REMARQUES. 1º Dans les composés le mot déterminant est, en règle, placé avant le déterminé. Cependant le contraire se fait aussi; parfois même le préfixe prend la seconde place. Ex. *drshtapûrvas* p. *pûrvadrshtas*, vu auparavant.

2º Le préfixe *â* entre dans la composition du mot qu'il régit et qui se met à l'ablatif : *âsamudrât*, jusqu'à la mer; il signifie aussi quelquefois *depuis*.

3º *âdi* à la fin d'un composé a souvent le sens de *et caetera* : *vîravarâdayas*, Vîravara et les autres;

Ou de : *ayant à leur tête, suivant* : *devâs indrâdayas*, les dieux ayant Indra à leur tête.

Opposé à *antas* il signifie *depuis* (jusqu'à) : *janmâdiçmaçânântas*, depuis la naissance jusqu'à la mort (littér. : jusqu'au cimetière).

4º Les nombres ordinaux s'emploient d'une manière analogue : *Pândavas mâtrshashtas* signifie les *cinq Pândous et leur mère* (c'est-à-dire ayant leur mère pour sixième).

De même *para, parama*, à la fin d'un composé possessif, signifie : *qui a pour le plus en avant, pour principal; tout adonné à.* Ex. *Dhyânapara* ou *parama*, adonné à la méditation.

241. 5º Les composés proprement dits peuvent renfermer trois mots, et plus encore, unis entre eux par des rapports différents. Ex. *nîlâmbuçyâma*, qui est du noir d'un nuage sombre.

Les composés libres n'ont, pour ainsi dire, pas de limites chez certains auteurs. Mais on observe généralement la règle du dernier déterminant. Ex. *sadávagáhahatavárisáncayas*, perpetua immersione concussus aquae cumulus.

Ces longs mots se décomposent en plusieurs sous-composés qui peuvent appartenir à toutes les classes. Ainsi le mot précédent est formé des composés de dépendance *várisancayas*, amas d'eau, et *sadávagáhahata*, brisé par de continuelles immersions (bains); ce dernier est lui-même composé du participe *hata* et du composé déterminatif *sadáavagàha*, immersion (qui se fait) continuellement.

Védavédá_ŋgaparágadharmaçástraparáyanas est un *dvandva* formé de *védavédá_ŋgaparágas* et de *dharmaçàstraparáyanas*. De ces deux mots composés le premier est un composé de dépendance formé du dvandva *védavéda_ŋga* et du déterminatif *parágas*, qui a étudié entièrement le *Véda* et le *Védanga*; le second est un double composé de dépendance formé de *dharmaçástra*, livre de la loi (lui-même composé de dépendance), et de *paráyanas*, déterminatif, qui a parcouru d'un bout à l'autre.

6° Parfois un changement dans la finale du premier composant indique le changement de nature et de sens du mot composé. Ex. *pancamabhá-ryá* signifie *cinquième épouse* (composé déterminatif) et *páncamibhá-ryà, qui a une cinquième épouse* (composé possessif).

IV. Mots répétés.

242. Un même mot répété peut former une sorte de composé qui exprime la répétition d'un acte s'il s'agit d'un verbe; une suite non interrompue d'objets, s'il s'agit de noms. Ex. धावति धावति, il court, il court toujours. ग्रामोग्राम, ce ne sont que villages l'un après l'autre. तत्तद् विगणयन्, méditant cela constamment.

PARADIGME DE LA CONJUGAISON SANSCRITE.

TEMPS SPÉCIAUX.

ACTIF (PARASMAIPADAM).

	PRÉSENT.	IMPARFAIT.	IMPÉRATIF.	OPTATIF.
S. 1.	Tud â mi.	a tud am.	tud âni.	tud êyam (1).
2.	Tud a si.	a tud a s.	tud a (hi dhi).	tud ês.
3.	Tud a ti.	a tud a.t.	tud a tu.	tud êt.
P. 1.	Tud â mas.	a tud â ma.	tud â ma.	tud êma.
2.	Tud a tha.	a tud a ta.	tud a ta.	tud êta.
3.	Tud anti (ati) (2).	a tud an (us).	tud antu (atu).	tud êyus.
D. 1.	Tud â vas.	a tud â va.	tud â va.	tud êva.
2.	Tud a thas.	a tud a tam.	tud a tam.	tud êtam.
3.	Tud a tas.	a tud a tâm.	tud a tâm.	tud êtâm.

MOYEN (ATMANÊPADAM).

S. 1.	Tud ê.	a tud ê (i).	tud âi.	tud êya.
2.	Tud a sê.	a tud a thâs.	tud a swa.	tud êthâs.
3.	Tuu a tê	a tud a ta.	tud a tâm.	tud êta.
P. 1.	Tud â mahê.	a tud â mahi.	tud â mahâi.	tud êmahi.
2.	Tud a dhwê.	a tud a dhwam.	tud a dhwam.	tud êdhwam.
3.	tud antê (atê).	a tud anta (ata).	tud antâm (atâm)	tud êran.
D. 1.	Tud â vahê.	a tud à vahi.	tud â vahâi.	tud êvahi.
2.	Tud êthê (âthê).	a tud êthâm (âthâm).	tud êthâm(âthâm).	tud êyâthâm.
3.	tud êtê (âtê).	a tud êtâm (âtâm)	tud êtâm (âtâm).	tud êyâ tâm.

PARTICIPES.

	PRÉSENT.	FUTUR.	PARFAIT.	PASSÉ.
Actif.	Tud ant (at).	tôt syant.	tu tud vans.	tun na vant.
Moyen.	Tuda mâna.	tôt syamâna.	tu tud âna.	—
Passif.	Tud yat.	tôd ya, anîya.		tun na.
Id.	Tud yamâna.	tôt tavya.		(xip ta).

INFINITIF : tôttum. — GÉRONDIF : tuttvâ *ou* tôditwâ. — (Pra)tudya.

(1) POTENTIEL. 2ᵉ *conjugaison.* — Actif : S. 1. Duhyâm. 2. Duhyâs.
3. Duhyât, etc. — Moyen : S. 1. Duhîya. 2. Duhîthâs. 3. Duhîta, etc.
(2) Les formes entre parenthèses appartiennent à la 2ᵉ conjugaison..

1ʳᵉ CONJUGAISON. VERBE *Tudâmi.* 6ᵉ CLASSE.

TEMPS GÉNÉRAUX.

ACTIF.

Futur simple.	Conditionnel.	Parfait.	Aoriste (6ᵉ f.).
S. 1. Tôt syâmi.	a tôt syam.	tu tôda.	a tâut sam.
2. Tôt syasi.	a tôt syas.	tu tôditha.	a tâut sis.
3. Tôt syati.	a tôt syat.	tu tôda.	a tâut sît.
P. 1. Tôt syâmas.	a tôt syâma.	tu tudima.	a tâut sma.
2. Tôt syatha.	a tôt syata.	tu tuda.	a tâut ta.
3. Tôt syanti.	a tôt syan.	tu tudus.	a tâut sus.
D. 1. Tôt syâvas.	a tôt syâva.	tu tudiva.	a tâut sva.
2. Tôt syathas.	a tôt syatam.	tu tudathus.	a tâut tam.
3. Tôt syatas.	a tôt syatâm.	tu tudatus.	a tâut tâm.

MOYEN.

S. 1. Tôt syê.	a tôt syê.	tu tudé.	a tut si.
2. Tôt syasé.	a tôt syathâs.	tu tudishê.	a tut thâs.
3. Tôt syaté.	a tôt syata.	tu tudé.	a tut ta.
P. 1. Tôt syâmâhê.	a tôt syâmahi.	tu tudimahê.	a tut smahi.
2. Tôt syadhvê.	a tôt syadhvam.	tu tudidhvê.	a tud dhvam.
3. Tôt syantê.	a tôt syanta.	tu tudirê.	a tut sata.
D. 1. Tôt syâvahê.	a tôt syâvahi.	tu tudivahê.	a tut svahi.
2. Tôt syêthê.	a tôt syéthâm.	tu tudâthê.	a tut sâthâm.
3. Tôt syêté.	a tôt syêtâm.	tu tudâtê.	a tut sâtâm.

Futur composé.		Précatif.	
Actif.	*Moyen.*	*Actif.*	*Moyen.*
S. 1. Tôt tâsmi.	tôt tâhê.	tud yâsam.	tut sîya.
2. Tôt tâsi.	tôt tâsê.	tud yâs.	tut sîshthâs.
3. Tôt tâ.	tôt tâ.	tud yât.	tut sîshta.
P. 1. Tôt tâsmas.	tôt tâsmahê.	tud yâsma.	tut sîmahi.
2. Tôt tâstha.	tôt tâdhvê.	tud yâsta.	tut sîdhvam.
3. Tôt târas.	tôt târas.	tud yâsus.	tut sîran.
D. 1. Tôt tâsvas.	tôt tâsvahê.	tud yâsva.	tut sîvahi.
2. Tôt tâsthas.	tôt tâsâthê.	tud yâstam.	tut sîyâsthâm.
3. Tôt târâu.	tôt târâu.	tud yâstâm.	tut sîyâstâm.

10

SUPPLÉMENT AUX CONJUGAISONS IRRÉGULIÈRES.

2ᵉ CLASSE.

243.   AS, *être.*

INDICATIF PRÉSENT.

Actif. S. asmi, asi, asti.— P. smas, stha, santi.— D. svas, sthas, stas.

Moyen. S. hê (1), sê, stê. — P. smahê, dhvê, satê. — D. Svahê, etc.

IMPARFAIT.

Actif. S. âsam, âsîs, âsît. — P. âsma, âsta, âsan. — D. âsva, âstam,.

Moyen. S. âsi, âsthâs, âsta. — P. âsmahi, âdhvam.

IMPÉRATIF.

Actif. S. asâni, êdhi, astu. — P. asâma, sta, santu. — D. asâva.

Moyen. S. asâi, sva, stâm. — P. asâmahâi.

POTENTIEL.

Actif. S. syâm, syâs, syât. — *Moyen.* S. sîya, sîthâs, sîta.

244.   I, aller (*Actif*).

Présent. S. êmi, êshi, êti.—P. imas, itha, yanti.—D. ivas, ithas, itas.

Imparfait. S. âyam, âis, âit. — P. âima, âita, âyan. — D. âiva, âitam, âitâm.

Impératif. S. ayâni, ihi, êtu. — P. ayâma, ita, yantu. — D. ayâva.

Potentiel. S. iyâm, iyâs.

MOYEN.

Indicatif présent. S. (adh) îyê, îshê, îtê. — P. îmahê, îdhvê, îyatê.

245.   BRU, dire (*Actif*).

Indicatif Présent. S. bravîmi, bravîshi, bravîti.— F. brûmas, brûtha, bruvanti.

Imparfait. S. abravam, abravîs, abravît. — P. abrûma, abrûta, abruvan.

Impératif. S. bravâni, brûhi, bravîtu. — P. bravâma, brûta, bruvantu.

MOYEN.

Présent. S. bruvê, brûshê, brûtê. — P. brûmahê, etc.

246. RUD, pleurer. (SVAP, dormir, AN, ÇVAS, respirer ; cp. p. 70 inf.).

Indicatif présent. S. rôdimi, rôdishi, rôditi. — P. rudimas, ruditha, rudanti.

Imparfait. S. arôdam, arôdîs (arôdas), arôdît (arôdat). — P. arudima.

247.   HAN, tuer (*Actif*).

Indicatif présent. S. hanmi, hansi, hanti. — P. hanmas, hatha, ghnanti. — D. hanvas, hathas, hatas.

Imparfait. S. ahanam (*ou* aghnam), ahan, ahan.— P. ahanma, ahata, aghnan.

Impératif. S. hanâni, jahi, hantu. — P. hanâma, hata, ghnantu.

248.   VAÇ, vouloir.

Indicatif présent. S. vaçmi, vaxi, vashti. — P. uçmas, ushtha, uçanti. — D. uçvas.

Imparfait. P. avaçam, avat, avat. — P. âuçma, âushta, âuçan. — D. âuçva.

(1) Dans le composé *vyatihê*, surpasser.

249. ÇÊ (çi), κεῖμαι, jacere.

Indic. prés. S. çaye, çêshê, çêtê. — P. çêmahê, çêdhvê, çêratê, etc.
Imp. S. açayi, açéthàs, açeta, açêmahi, açêdhvam, acêrata, etc.
Impératif, 3ᵉ pers. pl. çêratâm avec insertion de *r.*
Vid, savoir, prend *r* aussi parfois. Ex. vidratê, avidrata.

Çás, commander,

fait çish (de çis) aux formes faibles en *t* ou *th* et au potentiel.
Indic. prés. S. çâsmi, çâssi, çâsti, çâsmas, çish*th*a, çâsati, etc.
Impér. çâsâni, çâddhi, çâstu. — *Potentiel.* çishyâm, çishyâs.
Daridrâ, être pauvre, fait daridri aux formes faibles.
Mrj, effacer, fait màrj aux formes fortes.
Îdê et îçê insèrent un *i* devant *s* et *dh* : îçishê, etc.

3ᵉ CLASSE.

250. *Dadhâmi,* établir (1).

Indicatif présent.

ACT. S. dadhâmi, dadhâsi, dadhâti. — P. dadhmas, dhattha, dadhati.
— D. dadhwas, dhatthas, dhattas.
  MOY. S. dadhê, dhatsê, dhattê. — P. dadhmahê, dhaddhvê. dadhatê.—
D. dadhvahê, dadhâthê, dadhâtê.

Imparfait.

ACT. S. adadhâm, adadhàs, adadhât. — P. adadhma, adhatta, adadhus.
— D. adadhva, adhattam, adhattâm.
  MOY. S. adadhi, adhatthâs, adhatta. — P. adadhmahi, adhaddhavam.
— D. adadhata, etc.

Impératiſ.

ACT. S. dadhâni, dhêhi, dadhâtu. — P. dadhâma, dhatta, dadhatu. —
D. dadhâva, dhattam, dhattâm.
  MOY. S. dadhâi, dhatswa, dhattâm. — P. dadhâmahâi, dhaddhvam,
dadhatâm. — D. dadhâvahâi, dadhâthàm, dadhâtâm.

251. Hâ, abandonner, aller, prend *hi* aux formes faibles et a, au moyen,
un redoublement en *ji.* Il perd *á* devant les voyelles des formes faibles.
  ACT. *Ind. prés.* S. jahâmi, jahâsi, jahâti. — P. jahîmas, jahîtha, ja-
jahati. — D. jahîvas, jahîthas, jahîtas.
  Impér. jahâni, jahîhi, jahâtu, etc.
  Potentiel jahyâm, etc.
  MOYEN. *Indic. prés.* jihê, jihîshê, jihîtê, jihîmahê, jihîdhwê, jihatê.

(1) *Dadàmi* se conjugue comme *dadhâmi*; *d* remplace partout *dh* :
dadàmi, dadmas, dattha, déhi, etc.

Imparfait. ajihi, ajihîthas, ajihîta, ajihîmahi, ajihîdhwam, ajihata.

Impér. jihâi, jihîshwa; jihâmahâi, etc.

Potentiel. jahîya.

JAN se conjugue comme *han*, mais il prend *â* quand *n* tombe.

Indic. prés. jajanmi, jajansi, jajanti, jajanmas. jajâtha, jajnati.

Impér. jajanâni, jajâhi, jajantu, jajanâma, jajâta, jajnatu.

R. aller, fait aux formes fortes *iyar*, aux faibles *iyr* et *iyr* devant une voyelle.

Ind. prés. iyarmi, iyarshi, iyarti, iyrmas, iyrtha, iyrati.

Imparfait. âiyaram, âiyar, âiyar, âiyrma, âiyrta, âiyarus.

HU, sacrifier, perd, aux formes faibles, *u* devant *m* et *v* : juhmas, juhvas.

Impératif, 2ᵉ pers. sing. actif : juhudhi p. juhuhi.

QUELQUES PARTICULARITÉS

DE LA GRAMMAIRE VÉDIQUE.

On trouve dans les Védas bon nombre de formes grammaticales, formes de flexions ou verbales, étrangères au sanscrit brahmanique. Les unes sont plus archaïques, les autres, au contraire, plus altérées que celles de la langue commune. Elles ne constituent cependant point un vrai dialecte ; car les formes classiques sont également employées.

Voici les principales particularités que présente la grammaire de l'idiome védique.

§ I. *De l'alphabet.*

1. L'alphabet védique a un caractère spécial pour représenter le *d* lingual entre deux voyelles. C'est ꙮ. Cette lettre prend un son qui se rapproche de celui du *la*. Ex. : *ilâ* pour *idâ*.

2. Au même cas pour représenter *dh* on emploie ce même signe combiné avec *ha*.

§ II. *Des lois euphoniques ou du Sandhi.*

VOYELLES.

1. Deux voyelles en contact restent sans se combiner. Ex. : *Mitra aryaman.* — *Pibâ imam.* — *Góôpaça.*

Parfois une nasale est ajoutée à la première pour éviter l'hiatus. Ex. : *bharan ójishta.* — *Kalaçêshvâ antas.* — Cette nasale est tantôt l'anusvâra, tantôt l'anunâsika.

2. *A* initial reste souvent après *ê* et *ó*. Ex. : *açîvásó avakramus*, *áré aghas*, etc.

3. *é* devenu *a* (voy. § 26) se combine avec un *i* suivant.

4. *a* et *i* combinés forment parfois *ái*. — Ex. : *práishayus* de *pra ishayus*.

5. Les voyelles *i* et *u* devant une autre voyelle ne se changent pas toujours en semi-voyelles. Ex. : *prthiviuta*. *Nû idam*.

CONSONNES.

1. On trouve parfois dans les Védas une double aspirée contrairement à § 30. Ex. : *dididhdhi*. *Uchchá*.

2. Les modifications que le sanscrit classique n'admet que dans la formation d'un mot, dans l'union des radicaux et des affixes, sont souvent admises dans la composition des mots et dans leur simple juxtaposition au courant de la phrase.

a) *N* initial est changé en *n* dans les enclitiques *nas* et *énas* et quelques autres mots encore ; dans les mots composés la lingualisation se fait aussi après *r*. Ex. : *raxá nas* ; *agnéravéna* (p. *agnés*) ; *nrmanas*.

b) *S* initial devient *sh*. Ex. : *divi shtha* : *u shiaváma, divi shad*. Ce changement s'opère également après *a*. Ex. : *antarixashat*.

3. *T* initial précédé d'un *sh* final devient *t*. Ex. *kish tat*.

4. *N* final est traité de manières très-différentes. Souvent il reste purement et simplement ou se change en simple anusvâra là où le sanscrit classique demande l'anunâsika avec l'insertion d'une sifflante ou d'un *la* (voyez §§ 35 et 48). Ex. : *asmán citrabhis, yasmin lôkê*, etc. Le *n* dental reste alors qu'il devrait prendre le degré de la consonne suivante. Ex. : *sahávánjétá*.

L'*anunásika* est souvent employé au lieu de l'*anusvára*.

5. *S* final reste là où le sanscrit classique l'efface ou le remplace par le *visarga*. Ex. : *Brahmanas havé ; divas pari*.

Il en est de même de *sh*. Ex. : *svadush kila*.

6. *As* final se change en *ar* dans quelques racines et se transforme parfois exceptionnellement en *ó* : *avar astu* (p. *avas*). *Só cit* (p. *sa*).

§ 3. *Déclinaisons.*

I. Thèmes en *a, â.*

1. Les féminins en *à* prennent quelquefois un *s* au nominatif du singulier et ont le vocatif en *a*.

Les noms en *a* ont *á*, *éná*, *yá* et *ayá* à l'instrumental du singulier.
Ex. *svapnayá* de *svapna*.

2. Le génitif en *asya* a parfois la dernière voyelle longue : *asyá*.

3. L'instrumental et le locatif du singulier, le nominatif masculin du
duel et le nominatif neutre du pluriel se forment par le simple suffixe *á* :
dattá pour *datténa*, *datiayá*, *datté*, *dattáyâm*. *dattáu* et *dattáni* Le
nominatif du pluriel neutre et du duel masculir ↄ parfois *a* bref.

Les noms en *á* ont parfois *é* ou *á* au locatif du singulier : *dévaté* pour
dévatáyâm. Ceux en *a* ont aussi *á*.

4. Au pluriel le nominatif a souvent *ásas* (pour *ás*); le génitif *ám* (pour
ánâm) et l'instrumental *ébhis* (pour *áis*). *dévas* fait P. N. *déváşas*;
G. *dévám*; I. *dévébhis*.

II. Thèmes en *i*, *u*.

Ces thèmes ont parfois : A. Au singulier : à l'accusatif, *am* pour *m*.
Paçvam pour *paçum*.

Au génitif, *vas*, *uvas* et *ushas* (masc. fém.) pour *ós*; *ós* pour *unas*
(neutre). Ex. : *vasvas*, *kadruvas*, *manushas*.

A l'instrumental, *á* pour *nâ* (m. n.) *î* ou *iyâ* p. *yâ*; *ù uyâ* et
viyâ pour *vâ*; *vâ*, *avâ* ou *uvâ* pour *unâ* (m. n.). Ex. : *mati* pour
matyá; *darviyá* pour *dârvá*; *kratvá* pour *kratunâ*; *sadhuyá* pour
sadhvá.

Au locatif. les noms en *i* ont *á* pour *áu*; ceux en *u* ont *avi*. Ex. :
nâbhá pour *nabhi*.

B, Au pluriel :

Au nominatif et à l'accusatif, les noms en *u* masc. et fém. ont *uvas*
pour *avas*, *ùn* ou *ús*. Le nominatif a quelquefois *àvas*. Les neutres perdent *ni* et, en ce dernier cas, la voyelle finale devient souvent brève. Ex. :
agruvas pour *agravas*, *agrùn*.; *puru* pour *purúni*.

III. Thèmes en *î*, *û*.

1. Singulier. *Nominatif.* Les féminins en *i* prennent parfois un *s*.

Accusatif. Ils prennent *am* et font *yam*, *vam* : *nadyam*.

Datif. Les féminins ont *î* pour *yái*. Ex. : *nadî* pour *nadyái*.

Génitif, Ablatif. Ils ont *as* pour *ás*.

Locatif. Ils ont *î* et *û* pour *yâm*, *vâm* et quelquefois aussi *vi* pour
vâm : *paɣgvi* pour *paɣgvâm*.

2. Pluriel. Le *nominatif* a *is* et *ayas* pour *yas*, *ús* et *avas* pour *vas*.
L'*accusatif* a *yas* et *vas* pour *ís*, *ùs*.

3. Duel. *Nominatif.* On trouve *î* et *û* pour *yaú*, *vaú*. Ceux en *ú* ont
aussi *vâ* et *vyaú* pour *vaú*

IV. Thèmes en *r*.

1. Ces thèmes prennent le gouna au datif singulier : *naré* pour *nrè*. Au génitif pluriel *r* reste quelquefois bref. Ex. *dhâtr nâm*. Ce génitif est souvent en *âm* avec ou sans gouna. Ex. *pitrâm, narâm*.

A l'accusatif pluriel on trouve *pitras* et semblables. En outre dans les épopées on trouve *aras* à l'accusatif plur. : Ex. *pitaras*.

Gô a *gônàm* au génitif pluriel.

V. Thèmes consonnantiques.

1. Singulier. Les noms masculins en *mant*, *vant* et *van* et les participes du parfait prennent *as* au vocatif du singulier.

2. Quelques mots en *man* perdent le *m* à l'instrumental : *Mahinâ* pour *Mahimnâ*.

3. Les noms en *an* perdent l'*i* du locatif. *Carman* pour *carmani*, *ahan* pour *ahni*. — Cet *i* est parfois allongé : *divi*.

Pluriel. Le suffixe du locatif est parfois redoublé. Ex. *prtsushu* pour *prtsu*. Les noms en *ant* allongent la voyelle *a* au nominatif pluriel du neutre. Ex. *bharânti*.

4. Les noms en *as* allongent la voyelle à différents cas. *Ushas* fait *ushâsâm* (gén. plur.), *ushâsâu* (duel nom.).

Ils semblent aussi parfois prendre un thème en *a*. Ex. *ushâm* (gén. pl.), *angirâs* (nom. pl.) pour *angirasas*.

5. La distinction des thèmes forts et faibles ne semble point encore admise avec la rigueur professée par les grammairiens hindous. On trouve par exemple :

arvâvatam (ac. sing.) *pour* arvâvantam.
taxanam   —   —   taxânam.
dâvanè   (loc. sing.) —   dâvnê.

6. Les noms en *van*, *ran*, *dam* font au locatif du pluriel *ansu*.

VI. Formes sporadiques.

7. Outre ces exceptions d'un caractère plus ou moins général, les Vêdas ont encore, pour certains mots isolés, l'une ou l'autre forme casuelle irrégulière. Ex. :

Arvan,   *coursier*,   acc. sing. : arvanam.
Nadîs,   *fleuve*,   instr. pl. : nadyâis.
Nârî,   *femme*,   dat. pl. :   nâribhyas.
Pathin,   *route*,   acc. sing. : pathâm.

Mahant, *grand,* acc. sing. : Mahâm.

Çamitr, *découpeur de viande,* instr. sing. : çamitâ.

Vidyu, *éclair,* abl. sing. : vidyôî

Atman, *acc., dat., instr. loc. du sing.,* tman (tmanam, etc.).

Oshadhi, *à tous les cas, excepté au nom. sing.,* ôshadhî.

Div, *acc. plur.,* dyûn.

Grâmanî, *gén. plur.,* grâmanînâm.

Mâs *et* ushas *changent* s *en* d *devant* bh : ushadbhis.

Svavas *et* svatavas *en font autant et de plus ont le nom. sing. en* ân : svavân, svavadbhyas, etc.

Ahas *a aussi le thème* ahan *dehant* bh : ahabhis, etc.

§ 4. *Degrés de comparaison.*

1. Les suffixes *tara. tama* s'ajoutent parfois au thème fort et quelques racines en voyelle prennent un *n. Ex.* : supathi, supathintara; sadhu, sadhuntama.

2. Le suffixe *van* devient *vat. Ex.* : bhùridâvattara (bhùridâvan).
La voyelle finale est parfois allongée. *Ex.* : purùtama *de* puru.

3. A la seconde forme on trouve *yas* pour *îyas.*

§ 5. *Pronoms et déterminatifs.*

1. DÉTERMINATIF. Sas, sâ, tad. *Loc.* sasmin. *Abl.* tât..

Ayam, *masc. instr. sing.* ênà. *Gén. sing. masc. — neutre.* imasya.
— *fém. instr. sing.* ayâ. — *Gén. loc. duel.* ayôs.

Itaras *fait* itaram *au neutre.*

2. INTERROGATIF. Kas, kà, kim. *Nom. sing. masc.* Kis; *neutre,* kad *et* kam.

3. RELATIF. yas, yâ, yad. — *Sing. Abl. masc. et neutre* yât.

4. Les Védas ont conservé les formes féminines en *î* dans les trois particules *im, sim, kim.*

5. Quelques nombres ordinaux ont *tha* au lieu de *ma. Ex.* : pancatha *au lieu de* pancama, etc.

§ 5. *Pronoms personnels.*

1. Les formes *asmê* (prem. pers.) et *yushmê* (deuxième pers.) s'emploient pour tous les cas du pluriel; mais spécialement pour le datif et le locatif.

1. FORMES EXCEPTIONNELLES. Prem. pers. *Sing. Datif,* mahya. *Abl.* mamat. — *Plur. Gén.* asmâka.

Deuxième pers. *Sing. Datif,* tubhya. *Instr.* tvâ; *loc.* tvé.

Plur. Acc. fém. yushmâs. *Abl.* yuvat. *Gén.* yushmâka.

Duel. N. A. yuvam. *I. D. A.* yuvabhyâm, *G. L.* yuvôs.

3. *im* et *sim* servent pour l'accusatif du singulier et du pluriel de la troisième personne.

§ 7. *Verbes.*

CONJUGAISON.

I. FORMES PERSONNELLES.

PARASMAIPADAM. 1. La première personne du plur. de l'indicatif a *masi* pour *mas* : tudâmasi.

2. *Na* s'ajoute aux suffixes *tha, ta* de la deuxième pers. du plur. *Ex.* tudatana.

ATMANÊPADAM. 1. On trouve *ê* pour *atê* à la troisième pers. du sing. du présent de l'indicatif de la première conjugaison et à la troisième du sing. et du plur. de la seconde conjugaison. *Ex.* : Çôbhê *pour* Çôbhatê; içê *pour* içatê *ou* îshtê.

2. Dhva *ou* dhvât *remplace* dhvam, *à la deuxième pers. du pluriel.*

3. Au parfait, l'*i* tombe même à la troisième personne du pluriel. *Ex.* : Dadhrê *pour* dadhirê

4. Au précatif, la troisième personne du pluriel a *îrata* pour *îran.*

5. A l'aoriste, 4ᵉ forme, la 3ᵉ personne du pluriel a parfois *ran* p. *sus.* Ex. : *axdipran.*

6ᵉ forme. *Isham* se contracte en *im*; *îs* et *ît* tombent. Ex. *yâus* pour *ayâushîs.*

7ᵉ forme. On trouve *s* pour *sîs* et *sît.* Ex. : *ajnâs* pour *ajnâsîs.*

6. Les finales *a, i* sont parfois allongées. Ex. : *yajâ* p. *yaja*; *yajatâ* p. *yajata*; *çrudhî* pour *çrudhi*; *cakrâ* pour *cakra* (parfait, 2ᵉ pers. pl.).

II. RADICAUX.

1. Les racines communes aux deux idiomes ont souvent dans les Védas des radicaux exclusivement propres à ces chants. Ex. : *kr* fait *karmi, karômi, krnômi* et *kurmi*; *grah* a *grabh* et *dadâ* a *dâ* pour radical.

2. On trouve parfois le gouna aux formes faibles. Ex. : *êmasi* pour *imasi*; *êhi* pour *ihi* (de *i*); *mamardus* pour *mamrdus.*

3. Les troisièmes personnes du pluriel prennent un *r* dans d'autres verbes que *çi* et *vid.* Ex. : *dadhrirê* pour *dadhirê.*

11

III. Temps.

1. *Futur*. Le suffixe du futur simple est parfois *sa* pour *sya*.

2. *Aoriste*. La seconde forme d'aoriste (*m, s, t*) s'emploie dans la conjugaison de verbes autres que ceux en *â* et en diphthongues.

Les Védas ont des formes d'aoriste inconnues au sanscrit classique. Il en est qui sont composées de la racine pure et des formes de flexion avec ou sans augment. Ex. : *avri*, 1re p. sing. m. de *vr*, *ganvahi* (id. duel) de *gam*. *Vark*, trois. pers. sing. de *vrj*; *bhét* de *bhid*; ou avec vriddhi, *abhâr*, *bhâr* de *bhar*.

On trouve aussi des aoristes redoublés sans *a* radical. Ex. : *ajîgar* de *jâgr*.

Il existe enfin un aoriste composé formé d'un nom verbal en *âm* et de *kr*. Ex. : *vidâm akran*.

Parfait. 1. Le thème des temps généraux est employé pour le parfait, sans redoublement. Ex. : *sîdatus* pour *sasadatus*.

2. Le redoublement est parfois allongé. Ex. : *sâsâha* pour *sasâha*.

3. L'*i* de liaison tombe fréquemment. Ex. : *dadrxê* pour *dadrçishê*.

4. La finale *r̄* se transforme en *ir* ou *ur*. Ex. : *titirus* pour *tatarus*, *jujurus* pour *jajarus*.

5. Les parfaits contractés (§ 163) peuvent conserver le redoublement, mais perdent alors la voyelle de la racine. Ex. : *paptus* de *papatus*, pour *pétus*; *van* fait aussi *vavnus* pour *vavanus*. Il en est de même au participe du parfait.

IV. Augment et Redoublement.

L'augment est parfois *â* devant les consonnes. Il est souvent supprimé tant à l'imparfait qu'à l'aoriste. Il en est de même du redoublement du parfait. Ex. : *daçushê* pour *dadaçushê* de *dadaçvân*, part. parfait de *daç*.

V. Des Modes.

A. Subjonctif. 1. Ce mode s'emploie principalement au présent et à l'imparfait, parfois aussi à l'aoriste. Il se forme du radical sans augment et du suffixe *a* ajouté généralement au thème fort, lequel se conserve a tous les nombres et à toutes les personnes.

Dâ, dê, dô, dhâ, dhê, spécialement, le forment aussi du thème faible.

2. Le suffixe *a* se combine avec le radical.

A l'âtmanêpadam sa fusion avec le *â* initial du duel (2e et 3e personne), forme *âi*.

A la même voix il peut prendre le suffixe *âi* pour *ê*, excepté à la 2ᵉ et à la troisième personne du duel.

1ʳᵉ CONJUGAISON.   2ᵉ CONJUGAISON.

Verbe *Tudâmi.*   Verbe *Dvêshmi.*

Présent.   Présent.

PARASMAIPADAM.	ATMANÊPADAM.	PARASMAIPADAM.	ATMANÊPADAM.
Tudâmi.	Tudâi.	Dvsêh âmi (1).	Dvêsh âi.
Tudâsi.	Tudâsâi.	Dvêsh asi.	Dvesh asâi.
Tudâti.	Tudâtâi.	Dvêsh ati.	Dvesh atâi.
Tudâvas.	Tudâvahâi.	Dvêsh âvas.	Dvêsh âvahâi.
Tudâthas, etc.	Tudâithê.	Dvêsh athas.	Dvêsh âithê.
	Tudâitê.	Dvêsh atas.	Dvêsh âitê, etc.

Imparfait.   Imparfait.

Tudâm.	Tudâi.	Dvêsh am (2).	Dvêsh âi.
Tudâs.	Tudâthâs.	Dvêsh as.	Dvêsh athâs.
Tudât.	Tudâta, etc.	Dvêsh at.	Dvêsh ata, etc.
Tudâva, etc.		Dvêsh âva.	

3. *Subjonctif de l'aoriste*. Il se forme par la suppression de l'augment; *îs*, *ît*, deviennent *ishas*, *ishat*. Ex. : 3ᵉ pers. du sing. *târishat*, *mandîshat* (6ᵉ f.), *bhuvat* (2ᵉ f.), (indicatif *atârît*, *amandît*, *abhût*). L'indicatif sans augment s'emploie aussi comme subjonctif. Ex. : *dudruvat (dru), mâ gamas*, etc.

Le subjonctif de l'aoriste a parfois les formes primaires. Ex. : *vôcati* de *avôcam* (vac) ; *tatapatê* de *atatapê*. Il se rencontre aussi quelques subjonctifs du parfait.

B. Modes des temps généraux. I. L'aoriste et le parfait ont aussi un impératif et un potentiel formés comme ceux du présent. L'aoriste perd l'augment. Ex. Aoriste. *Impératif.* (Kr) *karâni, krdhi, krshva, karâ mahâi*; (çru) *çrôtu, çrudhi* (1ᵉ forme); (mad) *mamaddhi, mamattu*; (vac) *vôca, vôcatu* (3ᵉ forme); *stôshâni* (4ᵉ forme).

N. *Bhû* ne prend pas le gouna. Ex. : *bhûtu, bhûshatam*, etc.

(1) Comparez l'indicatif *dvêshmi, dvêxi, dvíshti*.
(2) Comparez l'indicatif *advêsham, advêt, advêt*.

Potentiel. Ex. : *bhúyâm* (1ᵉ f.), *ririshéyâm* (3ᵉ f.), *tarishíya* (6ᵉ f.). *yásishíya* (7ᵉ f.).

Parfait. *Optatif.* Ex. : *Babhúyâm* (bhû), *pupúryâm* (pr), *çuçucíya* (çuc).

Impératif. Ex. : *Babhútu* (bhû), *vavrtsva* (vrt).

N. On trouve quelques potentiels du futur. Ex. : *Dhaxyêta* (de *dah).*

2. *Infinitif et participe.* Le futur simple, l'aoriste et le parfait peuvent avoir aussi un infinitif. Ex. : Aoriste, *jéshê, stushê.* Parfait, *vávrdhadhyâi.* Futur, *rôhishyâi.*

L'aoriste a un participe. Ex. : *sthânt* (sthâ), *krâna* (kr) (1ᵉ forme), *dant* (dâ), *huvant* (hvê) (2ᵉ forme), *vavrdhant* (vrdh) (3ᵉ forme) ; *sanishat* (san) (6ᵉ forme).

3. *Précatif.* Le précatif des racines en *â* ou diphthongues contracte *éyâs* en *êsh.* Ex. : *dêyâsam* (de *dâ)* fait *dêsham.*

4. *Plus-que-parfait.* Les Védas ont aussi un temps qui correspond au plus-que-parfait grec. Il est formé directement du radical du parfait en substituant les formes secondaires aux primaires et en ajoutant un nouvel augment. Celui-ci cependant manque parfois. Ex. : *pac*; parfait moyen, *pêcê*; plus-que-parfait, troisième pers. plur., *apêciran.* — *Svap* : parfait moyen, *sushupê*; plus-que-parfait, 2ᵉ pers. sing., *sushupthâs.*

C. Au Participe futur on emploie *içênya* pour *anya.* Ex. : *içênya (iç).*

D. Infinitif. *Formes diverses.* Ces formes ne sont que divers cas de noms verbaux formés des suffixes *a, ana, as, tu, dhi, sa* et *sya.* Ce sont :

am (ac. n.). Ex. ârabham (ârabh).		tôs (gén.).	Ex. apakartôs (kr).
ê (loc.).	drçê (drç).	tavê (dat.).	yâtavé (yâ).
âi (d. f.).	prakhyâi (khyâ).	tavâi —	yâtavâi —
anê (loc.).		se, asê.	jishê (ji).
as (ac. n.).	vilikhas (likh).	— —	vrdhasê (vrdh).
		syâi (dat.).	rôhishyâi (ruh).
		dhyâi adhyâi (dat.).	yajadhyâi (yaj).

La racine de ces formes est gounée ou non ; le suffixe s'ajoute directement ou au moyen des lettres *â, i* ou *î.* Ex. :

Jêshê *et* jishê *de* ji ; — jîvâtavê *de* jîv; — yamitavê *de* yam ; — hantavê *de* han ; — havîtavê *de* hu.

E. Gérondif. La langue des Védas a souvent, au lieu de *tvâ,* les formes *tvâya, tvânam, tvi* et *tvinam.* Ex. : *pâ* (boire) fait *pitvi* et *pitvânam.*

N. Précédés d'un préfixe, *plu* fait *plùya* (pour *plutya)* et *yu, yùya* (pour *yutya).*

VI. Des voix.

L'atmanêpadam s'emploie parfois pour le passif. La forme en *i*, de l'aoriste passif, s'emploie aussi avec un sens actif. Ex. : *abôdhi dêvân*, il a éveillé les dieux.

VII. Des classes verbales.

1. Les racines en diphthongues appartiennent parfois à la seconde conjugaison. La diphthongue se change alors en *á* et le verbe se conjugue comme *yá*.

2. La seconde classe est ici beaucoup plus nombreuse que dans le sanscrit classique.

Il en est de même de la troisième classe dont les verbes perdent parfois le redoublement. Les racines *dad* et *dadh* y forment des radicaux.

3. A la septième classe un *i* est parfois inséré aux formes faibles.

5. A la cinquième classe la seconde personne du singulier de l'impératif actif prend le suffixe *dhi* là où le sanscrit classique le laisse tomber. Ex. : *çrnudhi*.

Cette classe est également beaucoup plus nombreuse que dans le sanscrit classique. Ex. : *r* fait *rnômi*, etc.

Kr prend aussi les formes *kurmi* et *krnômi*.

5. A la neuvième classe *áya* remplace souvent *ná*. Ex. : *priyáya* pour *priná*; *mathâya* pour *mathnâ*. *Na* est mis pour *ni*.

§ 8. *Des verbes dérivés.*

I. Des Intensifs.

1. Les intensifs sont beaucoup plus nombreux et ont des formes plus variées dans les Védas que dans le sanscrit brahmanique.

2. Le redoublement reproduit parfois la consonne de la racine alors que les règles en exigent une autre. Ex. : *karikrand* pour *carikr*; *bharibhr* pour *baribhr*.

r prend *al* au redoublement. Ex. : *r* fait *alâryé*.

Les voyelles *i* et *î* sont insérées entre le redoublement et la racine même après une diphthongue et l'on y ajoute même parfois une sifflante. Ex. : *navínu* pour *nônu*; *caniçcand* de *cand*.

II. Formes anormales.

On trouve dans les Védas des formes de verbes dérivés très-irrégulières et propres à l'idiôme de ces hymnes. Exemples :

I. *Intensifs.*

ghanighan	han (frapper).	tartur	tr (traverser).
cancur	car (aller).	davidyut	dyut (briller).
jarìgrhya	grah (saisir).	badbadh	band (lier).
jarbhur	bhur (s'agiter).	sanishvan	svan (résonner).
jalgul	gr (avaler).		

II. *Désidératifs.*

dips *de* dambh (blesser).	didhish *de* dhâ (poser).
jigîsh *de* gâ (aller).	aps *de* âp (?).
pipîsh *de* pâ (boire).	. etc.

§ 9. *Mots invariables.*

1. L'idiôme védique a plusieurs particules qui lui sont propres : *Id, im, gha* ou *ghà* explétifs ; *u*, de même valeur, qui forme *ó* avec la finale des particules en *a* : *apó, upó*, etc. ; *idâ*, ainsi, *ât*, donc, *smat*, avec, et quelques autres encore. On les retrouve parfois, mais très-rarement, ailleurs.

2. Les prépositions se construisent avec d'autres cas que ceux admis par les règles de la langue classique.

Ainsi *ati, anu* s'emploient avec le génitif ; *adhi* avec l'accusatif et l'ablatif ; *antar*, avec le locatif ; *adhas*, avec l'accusatif ; *alam*, avec le locatif, etc.

La préposition *â* s'emploie comme postposition avec un locatif, même avec des noms de personnes. Ex. : *manushêshu â.* Parfois elle semble être un adverbe et signifier *aussi.*

§ 10. *Composition des mots.*

I. Les préfixes se séparent du verbe comme dans le langage homérique. Ex. : *â nûnam yâtâm* au lieu de *nûnam âyâtâm.*

II. Les racines pures sont fréquemment employées à la fin des composés ; ceux-ci ont des suffixes propres à l'idiôme védique, et les noms, des radicaux inusités ailleurs. Ex. : *çirshan* pour *çiras ; drt* pour *drk.*

III. 1. Les *drandvas* ont une construction particulière. Deux mots en

dvandva se mettent tous deux au duel et se séparent même parfois. Ex. :
Pitarâmâtarâ, père et mère ; *dyâvâ jajnânas prthivî*, le ciel et la
terre.

2. Lorsque les termes sont corrélatifs, on n'exprime souvent que le second. Ainsi *ahanî* signifie *le jour et la nuit*. Beaucoup de mots composés ont des formes différentes de celles que leur donne la langue classique.
Ex. : *parâ parâ*, féminin de *paraspara* ; *anyânyâ* fémin. de *anyônya*.

★
★ ★

Il est enfin une foule de mots que le sanscrit classique n'emploie pas,
ou auxquels il donne un sens tout différent de celui qu'ils ont dans les
Védas. Ex. *gavâçir*, Véd. pourvu de lait ; *durôna*, V. patrie ; *duchunâ*,
V. malheur ; — *varcas*, clas. *éclat*, véd. vivacité, énergie ; *gô*, clas.
vache ; véd. vache, lait, chair, etc.

Mais tout cela ressort plutôt du dictionnaire que de la grammaire.

Règles générales de l'accentuation.

On a vu au N. 15 quelles sont la nature et la place primitive de l'accent
sanscrit, par quels signes on le désigne. Dans certains systèmes tous les
anudâttas sont marqués de la ligne horizontale comme l'anudâttatara,
celui-ci se distingue par sa position. L'accent peut, en sanscrit, affecter
toute syllabe d'un mot, même la première d'un mot de sept à huit syllabes.

Le sanscrit a quelques mots atones : ce sont certaines particules, *iva*,
îm, *u*, *kam*, *ki*, *svit*, *sma*, etc., les formes pronominales enclitiques et
les déterminatifs *tva* et *sama*. Quelques-uns de ces mots n'appartiennent
qu'à l'idiôme védique. D'autre part certains mots perdent leur accent à
cause de leur position dans la phrase. Ce sont, entre autres, les vocatifs
qui ne commencent point une phrase ou un hémistiche et les compléments
de semblables vocatifs placés avant ceux-ci ; les verbes qui suivent un nom
ou un mot invariable, un mot répété exactement dans une même phrase
ou un hémistiche, etc.

Toutefois les règles souffrent de nombreuses exceptions surtout dans
la langue des Védas. Les anciens commentateurs de ces hymnes sacrés ne
sont pas toujours d'accord avec les grammairiens hindous. Mais on ne
peut indiquer ici ces divergences ; on doit se borner à exposer les lois
générales de l'accentuation dans la déclinaison et la conjugaison.

DE LA DÉCLINAISON.

A. En principe l'accentuation première des mots doit se conserver à tous les cas. Si la finale accentuée d'un mot vient à se modifier par suite d'une contraction ou d'une combinaison de cette syllabe avec le suffixe, l'accent reste sur la syllabe qui remplace la finale.

Si cette finale se perd par suite de la transformation de la voyelle finale en semi-voyelle, l'accent passe au suffixe et devient svarita indépendant aux cas forts (cp. N. 15). *Ex.* : Agnís, agním, agnés; dattá, dattáu ; dêví, dêvyáí, dêvyás. — *Exceptions.* 1° Le vocatif a toujours l'accent sur la première syllabe. *Ex.* : agnís; V. ágnê.

2° Les monosyllabes, ceux en *a* ou *á* exceptés, ne conservent l'accent sur le radical qu'aux cas forts et à l'accusatif du pluriel qui reprend ici sa nature première. Aux autres cas l'accent passe au suffixe. Ceux qui restent monosyllabiques à tous les cas (finales en *pî, pù,* etc.) prennent le *svarita* même aux cas faibles. *Ex.* : bhís, bhíyam, bhiyí; sarvapús, sarvapvé.

3° Dans les génitifs du pluriel en *nâm* l'accent peut passer de la finale du radical à la terminaison.

B. L'adjonction des suffixes comparatifs *iyas, ishtha* fait rejeter l'accent sur la première syllabe du mot; celle des suffixes *tara, tama* ne change rien à l'accentuation. *Ex.* : prthú, prthútara, práthíyas.

C. Les déterminatifs et les pronoms ont en général l'accent sur la finale du radical. *Ex.* : tásya, êténa, amúna, ahám. máma (thème répété), asmát, etc. Les nombres cardinaux simples l'ont sur la première syllabe ; les ordinaux en *ma, ta, ça,* sur cette finale; ceux en *iya* sur *i. Ex.* : éka, cátur, prathamá, turíya (*mais* saptán *dans les Védas*).

CONJUGAISON.

Tous les temps qui prennent l'augment ont l'accent sur cet affixe *Ex.* : átudam, ánáisham, átataxam. Quant aux autres, il faut distinguer.

I. TEMPS SPÉCIAUX. A. *Conjugaison ancienne.* Cette conjugaison accentue la finale du thème, aux formes fortes, et la terminaison aux formes faibles. Si cette terminaison a deux syllabes (*ex.* mahê), c'est la première qui est accentuée. Au potentiel de l'atmanêpadam *i* est compté comme appartenant au thème. *Ex. Rac.* duh : dôhmi, dôhmáhê, duhíyá.

Sont exceptés : 1° les verbes qui n'ont que l'âtmanêpadam; ils accentuent la racine; 2° les verbes de la troisième classe. Ceux-ci, en général, reçoivent l'accent sur le redoublement, aux formes fortes et à celles dont le suffixe commence par une voyelle ; les autres formes prennent l'accent

sur la désinence. *Ex.* : *R.* hu : júhômi, júhvé, juhumáhê. *Bhr, jan,* et
et quelques-autres accentuent la racine aux formes fortes.

Dans les Védas la seconde personne du singulier et du pluriel de la
voix active reçoivent quelquefois l'accent sur la racine.

B. *Conjugaison en* a. L'accent est en principe : 1° dans la première et
la quatrième classe, sur la finale de la racine, et, dans la sixième classe,
sur le suffixe *a* ou sur la voyelle qui le remplace et suit la racine. *Ex.* :
nî : náya ; nah : náhya ; xip : xipá.

2° La dixième classe le prend sur le premier *a* du suffixe ; les dérivés en
ya, le passif compris, ont l'accent sur ce suffixe ; ceux en *a*, sur la finale
de la racine et les désidératifs, sur le redoublement. *Ex.* : côráya, tâpa-
syá, búbhutsa, pitára.

II. Temps généraux sans augment. Le parfait simple prend l'accent
sur la syllabe finale du radical aux formes fortes ; sur la première du suffixe personnel, aux autres formes. *Ex.* : bibhéda, dadimáhê, dadátus. —
Le parfait composé a l'accent sur *âm.* Le futur en *sya* prend l'accent sur
l'*a* du suffixe ou sur la voyelle qui le remplace. Celui en *tà* prend l'accent
sur la syllabe *tà.*

Le précatif a l'accent sur la syllabe *yâ* à l'actif ; sur celle qui suit *sî* au
moyen. *Ex.* : xipyás, xipsîmáhi.

III. Modes védiques. Le subjonctif du présent et de l'imparfait reçoit
la même accentuation que le présent de l'indicatif. Le subjonctif et les
autres modes secondaires du futur simple ont la même que l'indicatif de
ce temps.

Aux aoristes des trois premières formes ces modes suivent généralement
la conjugaison à laquelle leur forme appartient. *Ex.* : ásrpam ; srpá,
srpéyam. — Akaram, kártu, krtá.

A la quatrième l'accent se place sur la finale du radical. *Ex.* : dwish ;
dvixá, dvixéyam.

Dans les trois autres l'accentuation varie. Au parfait elle affecte la
forme de flexion, ou la finale du radical.

V. Formes dérivées. Les participes en *amâna* s'accentuent comme les
formes dont ils dérivent. *Ex.* : bháramâna, tudâmána.

Ceux en *ána* prennent l'accent sur *a* final et parfois sur le radical, *ána*
restant atone.

Les participes passés actifs et passifs ont l'accent sur *ta, na. Ex.* xiptá,
annávant.

Au gérondif en *tvâ* l'accent est sur ce suffixe et sur la syllabe qui le
représente dans les formes védiques *tvî, tvánam,* etc.

Dans les formes en *ya* et en *am,* dans les infinitifs en *tum, tavê, tôs, as, syâi, asê,* l'accent est sur la racine. Les finales d'infinitif *ê* et *âi* portent l'accent; *adhyâi* le prend ou le rejette.

§ 3. Composés.

Les composés ne conservent qu'un accent et le prennent généralement sur le dernier élément ou la finale du radical de celui-ci. Il y a toutefois de nombreuses exceptions. Les composés de dépendance ont l'accent sur le premier membre quand il remplace un accusatif, un instrumental ou un locatif, quand il désigne un terme de comparaison ou qu'il se compose d'une particule.

Quelques composés formés de noms de divinités ont dans les Védas deux et même trois accents *udâtta*, séparés ou se suivant immédiatement. *Ex.* : Vr̥haspátis, Agnísómâu.

Les composés verbaux ont en principe l'accent sur le préfixe et suivent la règle de la transformation de l'accent par suite du changement d'une voyelle en sémi-voyelle. Mais toutes ces règles sont trop compliquées et soumises à trop d'exceptions pour qu'elles puissent être exposées dans cette grammaire. Il en est de même des différences qui existent entre les usages des Védas et ceux de la littérature classique.

TEXTES SANSCRITS.

I. CONTE.

अस्ति दक्षिणापथे ऽमरा नाम नगरी । तत्र राज्ञा वीरवरो
नाम । तत्रैव च महाप्रदीपो नाम ब्राह्मणो । तस्य दुहिता
देवदत्ता नाम वरयोग्याभवत् । तस्या अर्थे चत्वारो वराः
समायाताः । चत्वारो ऽपि समानजातीया ब्राह्मणाः । एत-
स्मिन्नन्तरे महाप्रदीपस्य दुहिता सर्पेण दंशिता मृता च ।
तदनन्तरं ब्राह्मणो नदीतीरे गत्वा तस्याः संस्कारं चकार ।
चत्वारो ऽपि वराः श्मशाने समायाताः । तेषां मध्ये एकश्चि-
तायां प्रविश्य मृतः । द्वितीयेन तस्या अस्थीनि श्मशाने र-
क्षितानि । तृतीयो देशान्तरं गतः । चतुर्थो स्वभवनं गतः ।
यो देशान्तरं गतः तेन तपस्वी भूत्वा मृतसंजीवनी विद्या स-
माज्ञाता । तत्रैव श्मशाने समायातः । तेन मन्त्रमेकं जपित्वा
जीवापिता कन्या । यः सहैव मृतः सो ऽपि जीवितः । यो

asti daxinâpathê' marâ nâma nagarî, tatra râjâ vîravarô
nâma, tatrâiva (1) ca mahâpradîpo nâma brâhmanô ; tasya duhitâ
dêvadattâ nâma varayôgyâbhavat (2). Tasyâ arthê catvârô varâs
samâyâtâs, catvârô'pi samânajâtiyâ Brâhmanas. Eta-
sminnantarê (3) Mahâpradipasya duhitâ sarpêna dançitâ mrtâ ca
Tadanantaram (5) brâhmanas nadîtîrê gatvâ tasyâs sanskaram cakâra
catvârô' pi Varâs çmaçânê samâyâtâs. Têshâm madhyê êkaçci-
tâyâm (5) praviçya mrtas. Dvityêna tasyâ asthîni çmaçânê ra-
xitâni. Trtîyô dêçântaram gatas. Caturthô svabhavanam gatas.
Yô dêçântaram gatas têna tapasvî bhûtvâ mrtasanjîvanî vidyâ sa-
mâjnâtâ. Tatrâiva çmaçânê samâyâtas. Têna manthramêkam (6) japitvâ.
jîvâpitâ kanyâ. Yô sahâiva (7) mrtas sô' pi jîvitas ; yô

(1) tatra êva. — (2) Varayôgyâ abhavat. — (3) êtasmin antarê. —
(4) Tad anantaram. — (5) Êkas citâyâm. — (6) manthram êkam. —
(7) Saha êva.

गृहे गतस्तेन श्रुत्वायातमपि । तस्या अर्थे चत्वारः प्रविवादं
कुर्वन्ति ॥ यतः पृष्टं ॥ कस्य भार्या भवति ॥उक्तं च ॥
येन जीवापिता कन्या स पिता जीवदायकः ।
यः सहैव मृतः सोऽपि भ्राता ज्ञातः सहैव यः ॥
भस्मनां संग्रहं कृत्वा श्मशाने येन संस्थितं ।
नीचकर्मा स दासः स्यात्स भर्ता यो गृहे गतः ॥

II. SENTENCES.

१ विद्या नाम नरस्य रूपमधिकं विद्यातिगुप्तं धनं
विद्या भोगकरी यशःसुखकरी विद्या गुरूणां गुरुः ।
विद्या बन्धुजनो विदेशगमने विद्याक्षयं सम्बलं
विद्या राजसु पूजिता शुचि धनं विद्याविहीनः पशुः॥

२ अधो ऽ धः पश्यतः कस्य महिमा नोपजायते ।
उपर्युपरि पश्यतः सर्व एव दरिद्रति ॥

३ यदशक्यं न तच्छक्यं यच्छक्यं शक्यमेव तत् ।
नोदके शकटं याति न च नौर्गच्छति स्थले ॥

grhê gatastêna (1) çrutvâyâtamapi (2). Tasyâ arthê catvâra: pravivâdam
Kurvanti. Yatas prshtam : kasya bhâryâ bhavati. Uktam ca
  Yêna jîvâpitâ kanyâ sa pitâ jîvadâyakas
  Yas sahaiva mrtas sô' pi bhrâtâ jâtas sahaiva yas
  Bhasmanâm sangraham krtvâ çmaçânê yêna sansthitam
  Nicakarmâ dâsas syâtsa (3) bhartâ yô grhê gatas.

———

1. Vidyâ nâma narasya rûpam adhikam (4) vidyâtiguptam (5) dhanam
   Vidyâ bhôgakarî yaçaçcukhakarî vidyâ gurûnâm guru:
   Vidyâ bandhujanô vidêçagamanê vidyâxayam (6) sambalam.
   Vidyâ râjasu pûjitâ çuci dhanam vidyâvihînas paçus
2. adhô' dhas paçyatas kasya mahimâ nôpajâyatê (7)
   uparyupari (8) paçyantas sarva êva daridrati.
3. Yadaçakyam (9) na tacchakyam (10) yacchakyam (11) çakyam êva tat;
   nôdakê (12) çakatam yâti na ca nâurgacchati (13) sthalê.

(1) gatas têna. — (2) çrutvâ âyâtam api. — (3) syât sa. — (4) rûpam adhikam. — (5) vidyâ atiguptam. — (6) vidyâ axayam. — (7) na upa. —
(8) upari upari. — (9) yad açakyam. — (10) tat çakyam. — (12) na udakê.
— (13) nâur (nâus) gacchati.

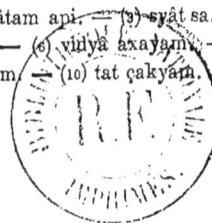

TABLE DES MATIÈRES.

—

—

ERRATA.

Page 47, ligne 12. 4. *lisez* laghu.

" " " 27. n 1, " uttama.

" 48, ligne 7. 1. " नेद्.

" 55, " 9. " चत्वारि.

" 65, col, 1, ligne 4. " दोह्लाम.

" " " 2, " 7. " बिभयाव.

" 66, " 4, " 1. " भनत्तै.

" " " " 2. " भठत्त्व.

" " " " " 6. " भञ्जताम.

" 69, ligne 7. fin. " shthîvâmi.

" 70, " 5, 9. " त्रपुस्.

" 79, " 14, 7. " çrath.

" " " 15. 8. " râj.

" 85, " 14. fin. " atishthipam.

" 91, " 25. fin. " agrâhishi.

" 97, " 2. 5. " ciçriyushâ.

Page 8, ligne 3.5 lisez jh

" 18, " 3.3 " प्रत्य्

" 25, " 2.9 " प्राश्म

" " " 12.4 " dvish sva.

" 80, " 21.1 " ग्रस्

" 84, " 19,12 " इय्

" " " 4.6 " d'une seule consonne.

" 88. " 16.12 " yâsam.

" 94, fin " कृत्य

www.ingramcontent.com/pod-product-compliance
Lightning Source LLC
Chambersburg PA
CBHW052058090426

42739CB00010B/2232